Kohlhammer

Markus Petry

Digitale Geldanlage

Plattformen, Trends und Strategien für moderne Investoren

Verlag W. Kohlhammer

1. Auflage 2025

Alle Rechte vorbehalten
© W. Kohlhammer GmbH, Stuttgart
Gesamtherstellung:
W. Kohlhammer GmbH, Heßbrühlstr. 69, 70565 Stuttgart
produktsicherheit@kohlhammer.de

Print:
ISBN 978-3-17-045973-1

E-Book-Formate:
pdf: ISBN 978-3-17-045974-8
epub: ISBN 978-3-17-045975-5

Inhaltsverzeichnis

Vorwort

In der Niedrigzinsphase bin ich von vielen Familienangehörigen und Freunden gefragt worden, wie man denn sein Geld noch anlegen könne, wenn die Bank oder Sparkasse, bei der man seit vielen Jahren Kunde ist, keine Zinsen mehr bezahlt. Mit diesem Thema habe ich mich seit einigen Jahren intensiv beschäftigt und es bleibt relevant, auch wenn die Zinssätze, die man am Markt erzielen kann, seitdem wieder gestiegen sind.

Die naheliegende Lösung in einer Welt mit niedrigen Zinsen ist eine Investition in Aktien, aber diese Anlageform ist vielen Kleinanlegern spätestens seit dem Crash der Volksaktie Telekom suspekt. Es galt also, sich auf die Suche nach Alternativen zu begeben. Und diese lassen sich tatsächlich finden – im Internet. Die Welt ist digital geworden und so wie viele ihre Bücher nicht mehr im stationären Buchhandel kaufen, mit ihren Freunden über soziale Medien in Kontakt bleiben, Musik und Filme streamen, bietet auch die Geldanlage eine Vielzahl neuer digitaler Möglichkeiten.

Erwarten Sie nun bitte kein Buch, das vorgibt, Sie mit 3 Klicks zum Millionär zu machen. Dazu gibt es schon genügend Literatur und ich habe noch niemanden kennengelernt, der nach der Lektüre eines solchen Leitfadens tatsächlich reich geworden wäre.

Mit diesem Ratgeber möchte ich Ihnen helfen, sich im Dschungel der vielen, oft verwirrenden Möglichkeiten zurecht zu finden, die die neue digitale Welt Ihnen bietet. Da Menschen unterschiedliche Anlageziele, Anlagehorizonte, Anlagevolumina, Risikobereitschaft, Finanz-Know-how etc. aufweisen, wäre es unseriös, ein Musterportfolio vorzustellen. Wenn es für alle gelten soll, gilt es für keinen. Insofern ist bei der Auswahl der nachfolgend vorgestellten Anlagealternativen der Anleger selbst gefragt. Die Grundlagen zeigt dieser Ratgeber auf, aber die konkreten Entscheidungen muss jeder selbst fällen.

Dieser Ratgeber ist über einen gut dreijährigen Zeitraum entstanden, bei dem ich viele Texte immer wieder anpassen musste, weil der Markt und die Gesetzgebung sich sehr dynamisch entwickeln. Ich bin meinem Arbeitgeber, der Hochschule RheinMain in Wiesbaden dankbar, dass ich für die Fertigstellung dieses Buches für ein Semester von meinen akademischen Lehrverpflichtungen freigestellt worden bin.

Mein besonderer Dank geht an meinen Kollegen Prof. Dr. Jürgen Hawlitzky und meine ehemaligen Studenten Alexander Erk, Timo Emrich und Tim Baumeister, die während meiner Abwesenheit die Durchführung meiner Vorlesungen und Prüfungen übernommen haben, sowie meinen ehemaligen Tutor Nico Mantel für umfangreiche Recherchen zur Vorbereitung dieses Buches. Dem Kohlhammer-Verlag und insbesondere Herrn Dr. Uwe Fliegauf gilt mein Dank für die konstruktive und reibungslose Zusammenarbeit. Selbstverständlich und nicht zuletzt danke ich auch meiner lieben Frau Barbara Falkenmeier für ihre Unterstützung und wertvolle Hinweise und Tipps.

Wiesbaden, im Januar 2025   Markus Petry

1 Einleitung

Den meisten Menschen ist bewusst, dass die gesetzliche Rente in Zukunft die Lebenshaltungskosten im Alter nicht mehr wird decken können. Insofern kommt dem Aufbau von Vermögen eine wichtige ergänzende Funktion im Rahmen der Altersvorsorge zu. Die Rahmenbedingungen auf den Finanzmärkten sind dafür gerade jedoch denkbar schwierig:

- Die Staatsverschuldung in den meisten Ländern der EU hat im Nachgang der Finanzkrise 2007/2008 und der Eurokrise 2009 beunruhigende Ausmaße angenommen und die meisten Länder sind von der Einhaltung des Maastricht-Kriteriums (Verschuldung maximal 60 % des Bruttoinlandsprodukts) weit entfernt.

- Das oberste Ziel der EZB in der Folge der Eurokrise bestand darin, die Währung zu stabilisieren und Staatsbankrotte von Peripheriestaaten zu verhindern – und das um jeden Preis (man erinnere sich nur an die berühmte Rede aus dem Jahr 2012 des damaligen EZB-Präsidenten Mario Draghi mit der orakelhaften Formulierung »whatever it takes«). Damit hatte die EZB ihr eigentliches Mandat, die Sicherung der Kaufkraftstabilität (oder anders ausgedrückt die Verhinderung von Inflation) in ihrer Prioritätenliste nach hinten geschoben, zumindest bis im Jahr 2021 die Preissteigerung deutlich anzog.

- Insbesondere der Krieg in der Ukraine und die Rolle des zweitgrößten Gas- und Öl-Exporteurs der Welt, Russland, haben die Energiepreise zu Beginn des Jahres 2022 in die Höhe schnellen lassen. Der Preis für ein Barrel der Rohölsorte Brent hat sich in den 3 Monaten von Anfang Dezember 2021 (gut 60 USD) bis Ende Februar 2022 (gut 120 USD) verdoppelt. In Verbindung mit globalen Lieferkettenengpässen, die noch auf die Corona-Auswirkungen zurückzuführen waren, stiegen die Preise und, ohne sich lange angekündigt zu haben, war die Inflation da. Nachdem die Inflationsrate in Deutschland zuletzt im Jahr 1993 einen Wert mit einer 3 vor dem Komma angenommen hatte und seit 2012 in einem Korridor zwischen 0,5 % und 1,8 % gelegen hatte, erhöhte sich die jährliche Preissteigerung im Jahr 2021 auf 3,1 %, 2022 auf 6,9 % und 2023 auf 5,9 %. Die EZB sah sich gezwungen, zur Wahrung ihres eigentlichen Mandats die Zinsen deutlich zu erhöhen und gegen Ende des Jahres 2024 ist wieder eine Inflationsrate in der Größenordnung der langfristig angestrebten 2 % in Sicht.

- In der Folge der Wahl von Donald Trump zum Präsidenten der USA im November 2024 sind zwar weltweit die Aktienkurse und vor allem auch die Kurse von Kryptowährungen gestiegen – zum Teil deutlich – aber mit seiner Amtsübernahme im Januar 2025 sind nicht unerhebliche globale Risiken verbunden. Die Ankündigung von umfangreichen Strafzöllen wird unweigerlich zu internationalen Handelskonflikten und steigenden Preisen führen.
- Weiterhin jagt aber eine Krise die nächste: die Corona-Pandemie, Klimawandel und -katastrophen (z. B. Überschwemmung im Ahrtal, Waldbrände etc.), globale Migration, Konflikt in Nahost etc. Alle diese Krisen werden von den Staaten mit dem Einsatz erheblicher finanzieller Mittel bekämpft, die die Schuldenlast erhöhen. Dies schränkt den Spielraum der Staaten und im Euro-Raum auch der EZB weiter ein.

Der Aktienmarkt hat sich seit der letzten globalen Finanzkrise sehr positiv entwickelt (der DAX hat sich zwischen 2009 und 2024 mehr als vervierfacht und zum Ende des Jahres 2024 neue Allzeithochs erreicht), was vor allem der Tatsache geschuldet ist, dass mangels Alternativen bei der Anlage in Zinsinstrumenten (Niedrigzinsphase) und von den Notenbanken seit Jahren in den Markt gepumpter Liquidität Geld in Aktien geflossen ist. Die insgesamt positive Entwicklung kann dazu führen, dass Privatanleger in der Hoffnung, dass es immer weiter nach oben geht, jetzt einsteigen und das Risiko verkennen, dass es sich bei den hohen Kursen um die Anzeichen einer Blasenbildung handeln könnte. Wie bei allen Blasen gilt natürlich, dass die Luft entweicht, wenn man sie ansticht – und das würde deutlich einbrechende Aktienkurse bedeuten. Es besteht also am Markt zumindest das Potenzial für signifikante Rückschläge.

Das sind, ganz kurz und knapp, die wesentlichen globalen Leitplanken für Ihre Kapitalanlage – und die nächste Krise kommt bestimmt, vermutlich eher früher als später.

Das macht es gerade nicht einfach, die individuellen Anlageziele wie Sparen für künftige Anschaffungen oder einen finanziell abgesicherten Lebensabend zu realisieren, denn Sparen mit niedrigen Zinsen oder krisenbedingt höheren Ausfallraten macht dem Anleger nicht nur keine Freude, das Ergebnis ist leider auch nicht sonderlich befriedigend.

Das alles bedeutet jedoch nicht, dass die Apokalypse naht und ohnehin alles verloren ist. In der Menschheitsgeschichte gab es immer Zeiten mit hoher Krisenfrequenz und in solchen leben wir nun einmal und müssen das Beste daraus machen. Selbstverständlich hat niemand eine Kristallkugel und weiß, wie die Welt in 30 Jahren aussehen wird. Sie können sich nun resigniert zurücklehnen und nichts tun (dann können Sie hier auch aufhören zu lesen) oder sich Gedanken darüber machen, welche Möglichkeiten Sie haben, auf aktuelle Trends zu reagieren und zumindest beginnen, die Voraussetzungen dafür zu schaffen, ein (kleines) Vermögen anzuhäufen.

Im ersten Schritt wird man feststellen, dass die Methoden der Geldanlage, die bis zur globalen Finanzkrise funktioniert haben, heute nicht mehr erfolgversprechend sind. Wer im Jahr 2000 die 30-jährige Bundesanleihe gekauft und gehalten hat, erhält jedes Jahr – bis ins Jahr 2030 – einen Zinssatz von 6,25 %. Hätte man das mal gemacht. Aber im Nachhinein sind immer alle klüger, daher stellt sich die Frage, wie man sein Geld jetzt, unter den gegebenen Rahmenbedingungen anlegen soll.

Wählt man den traditionellen Weg und wendet sich an eine Bank, werden bei kleinen und mittleren Anlagebeträgen eigentlich nur zwei Möglichkeiten angeboten:

• Geldanlagen direkt bei der Bank wie Sparkonten oder Termineinlagen, die jedoch meistens nur einen geringen Zinsertrag abwerfen und durch die Inflation sogar zu Wertvernichtern werden können.
• Geldanlagen auf einem Depot: Hier kauft der Anleger Anleihen, Aktien oder Fondskonstruktionen und ist bei der Auswahl meist auf sich selbst gestellt oder es fällt ihm zumindest recht schwer nachzuvollziehen, weshalb ihm bestimmte Titel empfohlen wurden.

Einen professionellen Anlageberater bekommt man erst zu Gesicht, wenn die zu erwartenden Gebühren für die Bank eine interessante Größenordnung aufweisen. Das ist natürlich nur dann der Fall, wenn eine signifikante Summe angelegt werden soll. Für alle, die nur über ein überschaubares Vermögen verfügen oder nur geringe monatliche Beträge sparen können, existiert also nur ein recht eingeschränktes Anlageuniversum.

Wenn man in den letzten Jahren gelesen hat, dass die Reichen immer reicher werden, dann hat das auch damit zu tun, dass ihnen Investitionsalternativen (z. B. Immobilien, Kunstgegenstände oder Beteiligungen an nicht börsennotierten Unternehmen) und professionelle Unterstützung in Form von Vermögensverwaltern zur Verfügung stehen, die für Otto Normalanleger unerschwinglich sind.

Wäre es nicht toll, wenn alle Zugriff auf solche exklusiven Angebote hätten? So abwegig ist das nicht, denn technologische Fortschritte, sehr häufig unspezifisch »Digitalisierung« genannt, ermöglichen, allen das gesamte Anlagespektrum anzubieten. Dieser Trend, der auch als Demokratisierung der Finanzmärkte bezeichnet wird, versetzt nun auch Kleinanleger in die Lage, alternative Kapitalanlagen selbst auszuwählen oder von Dritten verwalten zu lassen. Da es sich dabei noch um relativ neue Angebote handelt, sind viele dieser Anlagevarianten nur spezifisch Interessierten bekannt.

Auch wenn ich Ihnen keine konkreten Anlagetipps geben werde, so werde ich Ihnen doch ein paar Handlungsmaxime aufzeigen, die aus meiner Sicht für eine erfolgreiche Geldanlage unabdingbar sind. Der Investor muss für sich selbst entscheiden, mit welchen Kanälen und Anlageklassen er sich komfortabel fühlt und aus der Vielzahl der Varianten ein für ihn passendes Portfolio zusammenstellen. »One size fits all« passt bei unterschiedlichen Lebensumständen und Anlagezielen verschiedener Menschen am Ende nämlich für gar niemanden wirklich.

Der Fokus dieses Ratgebers liegt nicht darauf, einen vollumfänglichen Überblick über alle Produkte und Aspekte der Altersvorsorge zu geben. Es geht hier ausschließlich um innovative, über Internetplattformen abzuschließende Anlageformen, die zukünftig ihren Platz in jedem Portfolio haben sollten, unabhängig vom Sparziel. Dass die Altersvorsorge das wichtigste Anlageziel für die meisten Bürger darstellt, dürfte aber unbestritten sein. Hinzu kommt, dass die finanzielle Lücke, die zu decken ist, die höchste aller potenziell relevanten Anlageziele ist und die in diesem Ratgeber vorgestellten Innovationen aufgrund ihrer im Vergleich zu traditionellen Bank- und Versicherungsprodukten höheren erwarteten Renditen dazu beitragen können, diese Lücke zu schließen. Drei für eine umfassende Anlagestrategie wichtige Punkte werden in diesem Leitfaden nicht adressiert, dafür gibt es umfangreiche Literatur, die nicht an dieser Stelle auch noch einmal zusammengefasst dargestellt werden muss. Diese drei Punkte sind folgende:

- Gerade für die Alters- und Daseinsvorsorge spielen selbstverständlich nach wie vor auch Renten- und Lebensversicherungen eine wichtige Rolle. Viele dieser Produkte stehen aufgrund recht hoher Abschluss- und Verwaltungskosten in der Kritik. Im Prinzip zwingen sie den Anleger zum Sparen in festen Zeitabständen (monatliche oder jährliche Raten) und am Ende kommt meist ein doch erkleckliches Sümmchen heraus.
- Für viele Menschen spielen steuerliche Erwägungen eine (große) Rolle bei der Zusammenstellung ihres Anlageportfolios. Keinesfalls sollte man eine Anlageform wählen, nur weil diese Steuervorteile verspricht – das ist allzu oft schon schiefgegangen. Die hier vorgestellten Anlageformen unterliegen in den allermeisten Fällen dem Standardfall der Kapitalertragsteuer (25 % + Solidaritätszuschlag + Kirchensteuer auf Erträge). Ausnahmen sind die Besteuerung der Erträge aus Kryptowährungen und Private-Equity-Investments.
- Auch dem Staat ist schon aufgefallen, dass zukünftig eine Versorgungslücke für viele Menschen besteht und mit Zuschüssen oder eigens entwickelten Produkten soll der Anreiz für die Bürger geweckt werden, frühzeitig für das Alter zu sparen. Neben den schon länger bekannten Varianten der Riester- oder Rürup-Renten hat die Bundesregierung die Einführung eines sogenannten Altersvorsorgedepots zum 1.1.2026 beschlossen. Ob die Umsetzung nach dem Scheitern der Ampel-Regierung im November 2024 noch in der geplanten Form erfolgt, ist unsicher.

In dem Moment, in dem das Buch erscheint, ist es also mit Sicherheit nicht mehr vollständig aktuell. Der Markt für die digitale Geldanlage wächst so dynamisch, dass sich ständig neue Möglichkeiten und neue Marktteilnehmer etablieren. Internetaffine Anleger sind offen für neue technologische Entwicklungen und profitieren von solchen Innovationen.

Nach dieser Einleitung gibt das 2. Kapitel ein paar Regeln an die Hand, die Sie bei jeder Form der Geldanlage beherzigen sollten – selbst wenn Sie vollständig auf die hier vorgestellten Anlagevarianten verzichten wollen. Vier digitale Trends (die Plattformökonomie, Kryptowährungen, die Blockchain-Technologie und die Künstliche Intelligenz) werden danach beleuchtet, um zu verdeutlichen, was unter Digitalisierung so alles zu verstehen sein kann. Da Geldanlagen nach den beiden Aspekten Rendite und Risiko zu beurteilen sind, wird kurz dargestellt, was darunter konkret zu verstehen ist.

Das 3. und zentrale Kapitel dieses Buches erklärt die verschiedenen Alternativen einer digitalen Geldanlage. Hier wird erläutert, wie eine Geldanlage über das Internet erfolgt, welche Risiken dabei bestehen und es werden konkrete Anlagemöglichkeiten genannt, die Anlegern vor einigen Jahren noch nicht zur Verfügung standen, die heute aber Teil jedes Portfolios sein können. Dabei geht es zum einen um Anbieter digitaler Vermögensverwaltung, die insbesondere solchen Kunden nützlich sind, die sich mit dem Thema nicht auskennen und sich auch nicht umfassend damit auseinandersetzen wollen. Darüber hinaus wird verdeutlicht, dass auch mit überschaubaren finanziellen Mitteln Investitionen in Immobilien (-finanzierungen), junge und nicht börsennotierte Unternehmen (Startups), Wein, Kunst und andere Exoten möglich sind.

Jeder Abschnitt endet mit einer Analyse, für welche Kapitalanleger sich die verschiedenen Alternativen eignen und welche konkreten Anbieter am Markt sind. Hierbei wird naturgemäß aufgrund der Vielzahl der Unternehmen, die sich in diesem neuen Markt tummeln, eine Auswahl getroffen. Dabei habe ich mich zum einen an der Größe bzw. Bedeutung des Unternehmens für den jeweiligen Teilmarkt orientiert und darüber hinaus solche Anbieter dargestellt, die über interessante und spezifische Ansätze verfügen. Die nachfolgend gezeigten Daten beziehen sich ausnahmslos auf die 4 letzten Monate des Jahres 2024.

2 Möglichkeiten und Trends bei der Geldanlage

2.1 Instrumente einer traditionellen Geldanlage

Bevor man Geld anlegen kann, muss erst mal welches da sein. Die Bundesbank hat zur Jahresmitte 2024 ausgerechnet, dass das Geldvermögen der privaten Haushalte (und um deren Anlageverhalten soll es hier ja gehen) gut 8 Billionen Euro beträgt.[1] Damit hat jeder Deutsche – egal ob Kleinkind oder Rentner – im Durchschnitt knapp 100.000 € zur Verfügung, die auf eine intelligente Anlage warten. Trotz des insgesamt hohen Lebensstandards in Deutschland ist das verfügbare Vermögen aber relativ ungleich verteilt. Allerdings betrifft die Fragestellung, wie man am sinnvollsten Geld anlegen sollte (selbst wenn es nur ein überschaubarer Betrag ist) einen Großteil der volljährigen Privatpersonen.

Für die Geldanlage haben sich Privatpersonen lange an ihre Hausbank gewandt und ihr Geld direkt dort investiert (Tagesgeld, Festgeld, Sparkonto) oder über das Kreditinstitut ihres Vertrauens Anlagen für ihre Depots (Fondsanteile, Aktien, festverzinsliche Wertpapiere) erworben.

Hierzu war der Besuch einer Bankfiliale erforderlich, aber das Aufkommen des Online-Banking hat bereits einen Trend der Verlagerung der Bankfiliale in die eigene Wohnung in Gang gesetzt. Heutzutage benötigen viele Kunden gar keine Beratung mehr und wählen ihre Anlagen auf Basis von im Internet verfügbaren Angeboten aus.

Den meisten potenziellen Anlegern sind die Instrumente der Geldanlage sicherlich bekannt. Daher nur ein ganz kurzer Abriss der wichtigsten Varianten:

---

1 Hinzu kommt ein privates Sachvermögen von über 12 Billionen Euro, wovon gut die Hälfte in Immobilien investiert ist.

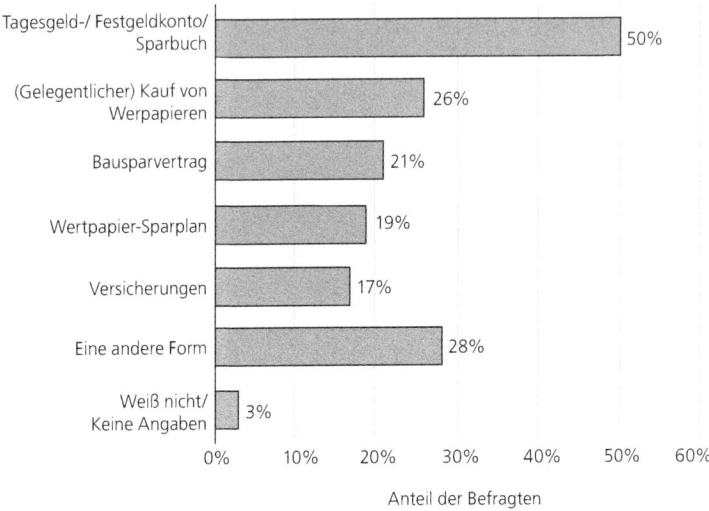

Dar. 1: Bevorzugte Kapitalanlagen in Deutschland im Jahr 2024 (Quelle: Statista)

- Girokonto (oder auch laufendes Konto): Bankverbindung, über die die Zahlungsumsätze eines Kunden laufen und für das keine Zinsen gezahlt, aber seitens der Banken häufig Gebühren verlangt werden. Ein Girokonto kann selbstverständlich auch zum Sammeln von Geld für eine spätere Anlage verwendet werden. Über das Guthaben kann man jederzeit verfügen.
- Tagesgeld: im Prinzip ein Girokonto, für das in der Regel (außer in der Niedrigzinsphase) ein positiver Zinssatz gezahlt wird.[2]
- Sparkonto (oder auch Sparbuch): Konto, über das unregelmäßig Geld angespart wird und das mit relativ niedrigen Zinsen einhergeht.
- Festgeld oder Termingeld wird einer Bank für einen festgelegten Zeitraum gegen eine Verzinsung zur Verfügung gestellt. Früher waren die Laufzeiten eher kurz (bis ein Jahr), mittlerweile werden auch 10-jährige Termingelder angeboten.

---

2 Die Kreditinstitute haben mit Tagesgeldkonten die Hoffnung verbunden, dass diese nicht nur täglich, sondern längerfristig zur Verfügung stehen (Bodensatztheorie), ohne den Kunden einen längerfristigen Zinssatz anbieten zu müssen. In einer Niedrigzinsphase gibt es aber für Tagesgeld meist gar keine oder Minimalzinsen.

- Wertpapiere werden im Standardfall über die Börse gekauft und in bei Banken geführten Depots aufbewahrt. Die wesentlichen Formen sind Aktien (Anteilsscheine von Unternehmen), Anleihen (Schuldtitel von Staaten oder Unternehmen mit in der Regel einer festen Verzinsung) und Investmentfonds (ein Vehikel, bei dem das Geld der Anleger eingesammelt und in Wertpapieren angelegt wird).

- Ein Bausparvertrag dient eigentlich vor allem dazu, ein Immobiliendarlehen mit einer Verzinsung unter Marktstandard zu erreichen. Die vorgeschaltete Ansparphase bringt dem Anleger wenig Zinsen und subventioniert den Kredit. Als reine Geldanlage ist ein Bausparvertrag nicht wirklich geeignet.

- Vor allem Lebens- und Rentenversicherungen werden für Zwecke der Altersvorsorge abgeschlossen. Die Renditen sind aufgrund der häufig hohen (versteckten) Gebühren nicht sonderlich hoch, selbst bei Altverträgen mit hohem Garantiezins.

- Immobilien: Betongold gilt seit jeher als gute Vermögensanlage. Hier gibt es natürlich keinen Zins, sondern einen Mietertrag, wenn man die Immobilie vermietet oder eine Mieterparnis bei Eigennutzung.

- Gold und andere Edelmetalle gelten als sicherer Hafen, haben jedoch erhebliche Wertschwankungen zu verzeichnen. In wirtschaftlich und politisch turbulenten Zeiten entwickelt sich der Goldkurs meist gegenläufig zu den gängigen Börsenindizes. Eine entsprechende Position wird natürlich nicht verzinst. Gelegentlich werden auch Kryptowährungen wie Bitcoin, die erst nach der Finanzkrise 2008 entstanden sind, mit Edelmetallen verglichen (»digital gold«).

Auch im digitalen Zeitalter bleiben die Instrumente im Wesentlichen die gleichen, lediglich die Form der Vermittlung ist eine andere geworden. Einige der traditionellen Produkte bedürfen keinerlei Beratung, da sie weitgehend selbsterklärend sind (z. B. das Termingeld), bei anderen haben Internetplattformen es geschafft, den Beratungsprozess weitgehend zu digitalisieren. Die vollständige Automatisierung des ansonsten sehr personalintensiven Beratungsprozesses bietet neuen Anbietern gegenüber etablierten Banken einen enormen Kostenvorteil. Trotzdem stehen auch bei über das Internet vermittelten Anlageformen bei Rückfragen Ansprechpartner zur Verfügung. Dabei handelt es sich manchmal um Chatbots[3], meist jedoch um reale Personen.

2.2 Die goldenen Regeln der Geldanlage

Auch wenn die individuellen Präferenzen von Anlegern sich zum Teil sehr deutlich unterscheiden, gibt es doch ein paar Regeln, die sich jeder vergegenwärtigen sollte. Bei einer seriösen Geldanlage geht es ja nicht darum, auf einen Schlag reich zu werden. Wer das will, spielt besser Lotto. Das Ziel besteht für die allermeisten Investoren erstens darin, das verfügbare Vermögen unter Berücksichtigung der Inflationsrate zu sichern und es zweitens zu vermehren. In einer Niedrigzinsphase, in der wir uns ja bis ca. Mitte 2022 befunden haben, ist beides nicht trivial. Aber immerhin sind die Zinsen seither wieder auf für Anleger vertretbares Niveau gestiegen und eine Geldanlage in traditionelle Finanzinstrumente wie Festgelder oder Anleihen bringt wieder Zinserträge ein.

Beispiel für den Inflationseffekt

Es wird angenommen, dass 100.000 € für 10 Jahre zu 0 % angelegt werden.
0 % klingt für die Laufzeit nach einem sehr niedrigen Zins, aber seit 2016 waren die Zinsen für 10-jährige Bundesanleihen sogar negativ. Mit einer 0 %-Verzinsung kann man aber den Inflationseffekt einfacher isolieren und verdeutlichen.
Nach 10 Jahren erhält man also den Nominalbetrag von 100.000 € zurück. Allerdings war in dieser Periode eine durchschnittlich 2 %-ige Preissteigerungsrate zu verzeichnen. Wenn also Produkte, die 100.000 € heute kosten, einem solchen Preisanstieg unterliegen, dann kosten sie in 10 Jahren ca. 122.000 €. Mit den 100.000 €, die man aus der Geldanlage

---

3 Unter einem Chatbot versteht man einen mit künstlicher Intelligenz ausgestatteten Roboter, der mündlich oder schriftlich über Texteingabefelder gestellte Fragen von Kunden beantwortet. Im Prinzip handelt es sich bei Siri von Apple oder Alexa von Amazon (virtuelle persönliche Assistenten) auch um Chatbots.

zurückbekommt, kann man dann viel weniger Waren kaufen als noch vor 10 Jahren.

Daher ist es wichtig, dass die aus der Geldanlage erzielte Rendite mindestens so hoch ist wie die Inflationsrate, um keine Kaufkraftverluste zu erleiden.

Natürlich gibt es immer wieder Fälle, bei denen Menschen durch vermeintlich geschickte Investments zu Reichtum gekommen sind. So haben tatsächlich einige Anleger innerhalb weniger Jahre ihren Kapitaleinsatz z. B. beim Bitcoin mehr als vertausendfacht, d. h. wer 1.000 € investiert hat, war danach Millionär. Aber das ist keine Geldanlage, sondern Spekulation – und dafür braucht man neben guten Nerven und finanziellen Reserven vor allem auch Glück.

Ein nicht unerheblicher Anteil von Privatpersonen, die spekulativ einzelne Wertpapiere in der Hoffnung auf einen exorbitanten Kursgewinn kaufen, werden dieses Ziel nicht erreichen. Es ist durch umfangreiche empirische Analysen bekannt, dass die Fehler, die bei spekulativen Investmentansätzen von nicht professionellen Anlegern gemacht werden, immer wieder die gleichen sind:

• Man kauft, wenn alle kaufen! Dieser Herdentrieb ist verständlich, führt aber oft dazu, dass man auf eine Rallye zu spät aufspringt und zu spät wieder abspringt.
• Die Entscheidungen werden auf Basis von Ankerpunkten getroffen, z. B. verkauft man eine Position nicht, wenn sie ins Minus gerutscht ist, in der Hoffnung, dass die Kurse zurückkommen.
• Die Vergangenheit ist nicht immer eine gute Vorhersagevariable für die Zukunft. Nur weil ein Unternehmen in den letzten Jahren erfolgreich war, muss das nicht so bleiben. An der Börse wird schließlich die Zukunft gehandelt und nicht die Historie.
• Anleger verfallen in Panik, wenn der Kurs der Aktie(n) fällt und verkaufen ihre Wertpapiere zum falschen Zeitpunkt.
• Nur weil Person X behauptet, die Aktie Y sei der nächste Börsenkracher, muss das nicht stimmen. Überraschenderweise kaufen Anleger Wertpapiere oft auf Basis von sehr dubiosen und fragwürdigen Empfehlungen.

Selbstverständlich gibt es einzelne Anleger oder Day-Trader, die mit einer Kurzfriststrategie Erfolg hatten und haben. Ein solcher Ansatz verlangt jedoch viel Zeit, denn eine eigenständige Analyse der Märkte und einzelner Wertpapiere ist unerlässlich, und gute Nerven. Die meisten Personen, die sich mit der Frage der Geldanlage auseinandersetzen, haben weder die erforderliche Zeit noch die Expertise. Insofern ist eine systematische und langfristig orientierte Strategie die einzig sinnvolle Initiative, wenn das Ziel darin besteht, Vermögen aufzubauen.

Auch wenn es die ideale Kapitalanlage für jeden und jede Situation nicht gibt, existieren doch einige allgemein bekannte Grundsätze, die man beachten sollte, wenn man Geld anlegt. Eigentlich stellen sie Selbstverständlichkeiten dar, werden aber bei der Suche nach einer hohen Rendite leider doch immer wieder vernachlässigt (meist aus Gier) und allzu oft zahlt der Investor dann den Preis dafür.

2.2.1 Das magische Dreieck der Vermögensanlage

Bei der Kapitalanlage gibt es im Wesentlichen die folgenden drei Ziele:

* Rentabilität: Man zielt auf möglichst hohe Zahlungen oder Wertsteigerungen ab.
* Sicherheit: Man möchte das eingesetzte Vermögen schützen.
* Liquidität: Man hat jederzeit die Möglichkeit, sein Geld zurückzubekommen.

Das Dilemma besteht nun darin, dass alle diese drei Ziele nicht gleichzeitig erreicht werden können. Der Investor muss sich also entscheiden, wo er sich innerhalb dieses magischen Dreiecks positionieren will, da zwischen den Zielen eine Abhängigkeit besteht.

Am wichtigsten ist der Zusammenhang zwischen Rentabilität und Sicherheit. Je sicherer das Geld angelegt ist, desto geringer ist die erwartete Rendite.[4] Obwohl dieser Zusammenhang offensichtlich erscheint, vernach-

---

4 Die Bundesrepublik Deutschland als Top-Schuldner mit der Bonitätsnote AAA muss für eine bestimmte Laufzeit weniger Zinsen bezahlen als ein Land der europäischen Peripherie oder ein Schwellenland. Das liegt daran, dass die Investoren die Wahrscheinlichkeit, dass die Bundesrepublik Deutschland bei Fälligkeit ihre Schulden zurückzahlen kann, höher einschätzen als bei anderen Schuldnern, die im Gegenzug höhere Zinsen für das zusätzliche Risiko anbieten müssen.

lässigen ihn Anleger immer wieder und müssen dann mit den Verlusten leben. Je mehr Risiko man eingeht, desto höher muss der Zinssatz sein, den man erwarten kann. Auf lange Sicht ist die Rendite von Aktien höher als die von Termingeld, aber man ist Kursschwankungen ausgesetzt, die je nach Verkaufszeitpunkt eine Rendite mit dem unangenehmen Vorzeichen »minus« generieren können.

Aber auch zwischen Rentabilität und Liquidität besteht ein entsprechender Zusammenhang. Hier muss man zwischen Produkten des Kapitalmarkts und traditionellen Bankprodukten unterscheiden. Kapitalmarktprodukte (Aktien, Fonds, Anleihen) können zwar jederzeit verkauft werden, aber je nachdem, wie sich die Kurse seit dem Kauf verändert haben, schwankt auch die Rendite. Je länger klassische Bankanlagen wie Termingelder dagegen gebunden sind, umso höher ist in der Regel der Zins.[5]

Schließlich besteht auch ein Zusammenhang zwischen dem Risiko und der Liquidität einer Anlageform. Wenn der Anleger 10–15 Jahre warten muss, bis er sein Investment (hoffentlich plus einem signifikanten Überschuss) zurück erhält, kann in dieser Zwischenzeit sehr viel passieren, was den Rückzahlungsbetrag positiv oder negativ beeinflusst. Zwar steigen sowohl Chancen als auch Risiken bei längerer Laufzeit, aber die Sicherheit einer vollständigen Kapitalrückzahlung nimmt in der Regel mit der Länge der Festschreibung des angelegten Betrages ab.

Liquidität und Laufzeit hängen eng zusammen, sind aber nicht das gleiche. Die Laufzeit kann sehr lang sein (z. B. kann man eine noch 30 Jahre laufende Bundesanleihe kaufen), aber da es sich um ein an einer Börse gehandeltes Finanzinstrument handelt, ist auch jederzeit die Möglichkeit vorhanden, das Papier zu verkaufen. Dieses Wertpapier unterliegt zwar Wertschwankungen, aber diese sind moderat, so dass eventuelle Verluste eher gering ausfallen.

Der Anleger sollte sich diese Zusammenhänge bei Investments stets bewusst machen und darüber im Klaren sein, dass er für jeden Prozentpunkt mehr Rendite, die ihm versprochen wird, auch ein höheres Risiko eingeht.

---

5 Man geht davon aus, dass die meisten Menschen eine Präferenz dafür haben, ihr verfügbares Geld für Konsum auszugeben. Je länger man einem Dritten also Geld anvertraut, desto länger muss man auf Konsum verzichten und umso höher soll der Zinssatz sein, den man für den Konsumverzicht erhält.

2.2.2   Streuung der Anlagen

Die bekannte englische Satz »Never put all your eggs in one basket«, der je nach Quelle dem amerikanischen Stahlbaron Andrew Carnegie oder dem Star-Investor Warren Buffett zugeschrieben wird, verdeutlicht, dass der Anleger niemals sein gesamtes Vermögen in das gleiche Instrument stecken oder dem gleichen Vermögensverwalter anvertrauen sollte.

Im Prinzip lässt sich dieser auch als Portfoliodiversifikation bezeichnete Sachverhalt anhand vieler Beispiele des realen Lebens verdeutlichen.

Beispiel für einen Diversifikationseffekt

In einem Land ist während der Hälfte des Jahres das Wetter sonnig und in den anderen 6 Monaten regnerisch. Man kann in 2 Unternehmen investieren – eines, das Regenschirme herstellt (R) und eines, das Sonnencreme produziert (S). Die Renditen, die die Unternehmen in Abhängigkeit vom Wetter realisieren können, sind in der Tabelle zusammengestellt:

	R	S	R+S
Sonne	30 %	–10 %	10 %
Regen	–10 %	30 %	10 %
Durchschnitt	10 %	10 %	10 %

Wer in Unternehmen R investiert, kann eine 30 %-ige Rendite erreichen, aber auch 10 % seines Kapitaleinsatzes verlieren. Gleiches gilt für ein Investment in S. Der Diversifikationseffekt kommt ins Spiel, wenn man statt sein ganzes Geld in eine der beiden Aktien zu stecken, in beide investiert. Wie man an der Spalte »R+S« sieht, ist die Rendite bei jeder Witterung 10 %. Durch die Diversifikation hat man also bei gleicher Rendite das Risiko reduziert bzw. im vorliegenden Beispiel sogar vollständig eliminiert.

Wer nur in ein einzelnes Finanzprodukt investiert, setzt alles auf eine Karte. Hier gilt die oben dargestellte Regel, dass die Rendite um so höher sein muss, je größer das Risiko ist. Durch Diversifikation ist es aber möglich, im Portfoliokontext das Risiko durch Streuung zu reduzieren, da Gewinne bei einigen Positionen Verluste bei anderen kompensieren können. Gerade für das Anlageziel Sicherheit ist Diversifikation also entscheidend.

Aktienindices und ETFs

Die meisten Aktienindices wie der DAX oder der Dow Jones, die Kleinanlegern geläufig sind, bilden einen nationalen Aktienmarkt ab. So ist der DAX ein aus 40 Aktien von deutschen Großunternehmen bestehender Index. Darüber hinaus gibt es aber auch internationale Aktienindices, die wahrscheinlich bekanntesten sind der EURO STOXX 50 (besteht aus 50 großen Unternehmen des Euroraums) und der MSCI World (beinhaltet rund 1.600 Aktien aus Industrieländern) oder Branchenindices. Unternehmen wie die Allianz, SAP oder Siemens sind im DAX, im EURO STOXX 50 und im MSCI World Index enthalten.

Da Anleger ihr Vermögen streuen sollten, bietet es sich an, in Instrumente wie ETFs zu investieren, die die Wertentwicklung einer Vielzahl von Unternehmen abbilden. ETFs sind börsengehandelte Wertpapiere, mit denen man in ganze Märkte investieren kann, ohne individuelle Aktien aussuchen zu müssen. ETFs (Exchange Traded Funds, also an der Börse notierte fondsähnliche Strukturen) bilden praktisch vollständig einen Marktindex ab (z. B. die oben genannten) und der Anleger kann die Wertveränderung seines Investments anhand der Indexentwicklung nachverfolgen. Neben Aktien kann man mit ETFs auch in andere Assetklassen wie Immobilien, Rohstoffe oder Anleihen investieren. ETFs gelten als eine sehr kostengünstige Form einer Kapitalanlage in Wertpapieren und können im Prinzip wie Aktien gehandelt werden. Die größten Anbieter von ETFs sind iShares (gehört zu Blackrock), Lyxor (gehört zur Société Générale), die DWS und die UBS.

Wenn man also in Aktien investieren möchte, dann sollte man sich ein gut diversifiziertes Portfolio zusammenstellen. Am einfachsten geht das für Kleinanleger ohne tiefere Kenntnisse der Kapitalmärkte, indem sie ein oder mehrere ETFs erwerben, die sich an einem Aktienindex orientieren, so dass negative Entwicklungen einzelner Aktien vom Restportfolio aufgefangen werden können.

Auch sollte man seine Heimatliebe nicht unbedingt mit einem nur auf Deutschland fokussierten Portfolio zeigen. Auch eine geographische Diversifikation hilft, das Risiko im Griff zu behalten. Der als Erfinder der ETFs bezeichnete Gründer der US-amerikanischen Fondsgesellschaft Vanguard, John Bogle, hat dies mit den eindrücklichen Worten »Suchen Sie nicht die Nadel, kaufen Sie den Heuhaufen« beschrieben.

Niemals sollte man sein ganzes Geld investieren, da man dann bei unerwartet auftretendem Bedarf teure Kreditlinien in Anspruch nehmen muss. Vielmehr ist es sinnvoll, einen (kleineren) Teil des Vermögens so zu parken, dass man im Notfall jederzeit darauf zugreifen kann.

2.2.3 Ziele der Geldanlage

Manche Investoren verfolgen das Ziel, möglichst früh in den Ruhestand zu gehen, andere sparen für bestimmte Anschaffungen. Mit der spezifischen Zielsetzung ist üblicherweise ein Anlagehorizont verbunden. Dabei besteht ein erheblicher Unterschied, ob ein 30-jähriger für die Altersversorgung spart oder ein 60-jähriger. Im ersten Fall beträgt der Anlagehorizont viele Jahrzehnte, im zweiten Fall liegt die Betrachtungsperiode eher im kurz- bis mittelfristigen Bereich.

Wenn man sich ein einfaches Anlageuniversum vorstellt, das nur aus 2 Finanzinstrumenten besteht, kann man sich die Auswirkungen leicht klarmachen:

- Anleihen haben eine festgelegte Laufzeit, zeigen nur sehr moderate Wertschwankungen (außer bei drohenden Ausfällen) und zahlen in der Regel einen festen Zins. Wenn der Anleger in bonitätsstarke Titel investiert, erreicht er einen hohen Grad an Sicherheit, erzielt aber auch eine relativ überschaubare Rendite, die zwingend höher sein sollte als die jeweils aktuelle Inflationsrate.

- Aktien schwanken im Wert mitunter beträchtlich und der Wert einer Aktienposition kann unter den Einstandswert fallen, aber langfristig generieren Aktien deutlich höhere Renditen als Anleihen – das natürlich bei insgesamt auch höherem Risiko.

Je länger der Anlagehorizont ist, umso eher kann man Risiken eingehen, da über die Laufzeit Schwankungen eher ausgeglichen werden können. Vermögensverwalter setzen daher bei längeren Betrachtungsperioden vorwiegend auf Aktien und bei kurz- und mittelfristig zu erreichenden Zielen eher auf Anleihen. Dazwischen sind alle Kombinationen denkbar.

Selbstverständlich gibt es in der Realität viel mehr Anlageoptionen, die aber alle im magischen Dreieck der Geldanlage einer bestimmten Rendite-Risiko-Liquiditäts-Kombination entsprechen. Das Gesamtportfolio sollte also – selbstverständlich stark diversifiziert – das Risikoprofil aufweisen, das zum individuellen Anlagehorizont und -zielen passt.

Die Regeln, die man sich selbst setzt, muss man dann auch durchhalten. Gerade bei der Thematik der Laufzeit weichen viele Anleger von ihrem ursprünglichen Anlagehorizont ab und kaufen oder verkaufen bestimmte Positionen. Sehr häufig sind das keine gewinnbringenden Transaktionen, sondern von Angst oder Gier geprägt.

Der britische Ökonom John Maynard Keynes hat einmal gesagt:»Drei Dinge treiben die Menschen in den Wahnsinn: Liebe, Eifersucht und das Studium der Börsenkurse.« Bei einem langfristigen Anlagehorizont ist es für finanzwirtschaftliche Laien – und die meisten Anleger müssen wohl als solche klassifiziert werden – daher für die eigene geistige Gesundheit und das Nervenkostüm besser, zu investieren und einfach zu warten, ohne täglich auszurechnen, wie viel Gewinn oder Verlust man mit einer bestimmten Position gemacht hat.

2.2.4 Berücksichtigung von Produktkomplexität

Eigentlich sollte es selbstverständlich sein, dass Anleger nur in solche Finanzinstrumente investieren, die sie verstehen. Aber allzu häufig fällt man auf Versprechungen von windigen Anlageberatern herein, die einem das Blaue vom Himmel versprechen (hohe Rendite bei null Risiko, aber nur noch ganz kurz verfügbar). Investoren, die in diese Falle tappen, sind von Gier getrieben und müssen sich nicht wundern, wenn sie ihr Vermögen oder Teile davon verlieren.

Dabei müsste man sich nur an die Erkenntnisse des legendären amerikanischen Investors Warren Buffett halten, dessen wichtigstes Credo war, nur Aktien von Unternehmen zu kaufen, deren Geschäftsmodell (auf Basis einer sehr intensiven Analyse aller Unternehmensdaten) er versteht.

Die meisten Finanzinstrumente, die für Privatanleger in Frage kommen, sind nicht besonders kompliziert und somit auch für Kleinanleger ohne finanzielle Vorbildung schnell verständlich. Wenn dem Anleger komplexe Produkte angeboten werden, dann hat das häufig einen Grund – nämlich den, das wahre Risiko der Anlage zu verschleiern.

Als Anleger sollte man sich eine gewisse Skepsis bewahren und idealerweise vor einem Abschluss mehrere und vor allem verschiedene Quellen zu Rate ziehen. Häufig gibt es zu bestimmten Angeboten Artikel oder Studien von Verbraucherschutzorganisationen oder andere neutrale Publikationen. In Blogs und sogar auf Youtube kann man darüber hinaus interessante Informationen über ein spezifisches Instrument oder eine individuelle Plattform gewinnen. Aber in jedem Fall muss man sich natürlich der Seriosität der Quelle versichern.

Nur wer hinreichend informiert ist, kann die besonderen Aspekte und Risiken von Angeboten überblicken. Blindes Vertrauen in Dritte, die ihr eigenes und nicht das Interesse des Anlegers im Blick haben, führt fast zwangsläufig zu falschen Entscheidungen, die der Investor später ggf. bereut. Es gibt also keine wirkliche Alternative dazu, sich selbst mit den Anlagemöglichkeiten auseinanderzusetzen und aus dem fast unendlichen Universum der Angebote solche auszuwählen, die man versteht und die zu der eigenen Lebenssituation passen.

2.2.5 Kosten der Geldanlage

Die Anlage von Termingeld bei der Hausbank oder über das Internet ist üblicherweise nicht mit Kosten verbunden. Aber bei vielen anderen Investments sollte man sich darüber informieren, wie hoch die Gebühren sind. Zwar müssen Gebühren transparent kommuniziert werden, aber die Anbieter schaffen es immer wieder, Teile ihrer Gebühren so tief im

Kleingedruckten zu verstecken, dass es dem normalen Privatanleger nicht auffällt.

So muss der Anleger bei allen Produkten, für deren Verwaltung ein Wertpapierdepot erforderlich ist, mehrere Kostenbestandteile berücksichtigen. Hier ist zunächst die Depotgebühr relevant, die normalerweise in Abhängigkeit vom verwalteten Volumen erhoben wird. Darüber hinaus verlangt die depotführende Bank für den Erwerb und Verkauf von festverzinslichen Wertpapieren wie Bundesanleihen, Aktien, ETFs oder Fonds Gebühren pro Auftrag. Die Höhe dieser Gebühren unterscheidet sich zwischen den Kreditinstituten erheblich und ein Preisvergleich lohnt sich.

> **Zahlenbeispiel zur Erläuterung der Kosten eines Wertpapierdepots[6]**
>
> Kauf einer Aktienposition 100 Aktien à 100 € = 10.000 €, Verkauf nach einem Jahr
>
> - Gebühren beim Kauf und Verkauf von je 1 % des Kurswertes: 200 €
> - Depotgebühr 0,15 % pro Jahr plus Grundpreis 20 € ergibt 35 €
>
> Summe der Gebühren: 235 € (hinzu kommen Fremdspesen bei Kauf und Verkauf)

Die Kosten für Erwerb und Verkauf sind natürlich Einmalkosten, die sich bei längerem Betrachtungshorizont über den Investitionszeitraum verteilen.

Bei Fonds kommt darüber hinaus sehr häufig ein bis zu 5 %-iger Ausgabeaufschlag hinzu und eine Verwaltungsgebühr des Fonds, die in einer Größenordnung von jährlich 1-2 % des Fondsvermögens liegen kann. Als Alternative zu Fonds haben sich deswegen ETFs etabliert, die zu geringen Kosten einen Wertpapierindex nachbilden.

---

6 Die Gebührenstruktur basiert auf dem im Internet verfügbaren Preisaushang einer hessischen Sparkasse

Die nicht gerade moderaten Gebühren, die etablierte Banken für ihre Dienstleistungen wie Depotführung oder die Abwicklung von Wertpapieraufträgen verlangen, haben neue Anbieter auf den Plan gerufen, die diese Leistungen vollständig digital und zu deutlich niedrigeren Kosten anbieten. Hier sind zum einen Online-Banken wie die ING-Diba oder die Commerzbank-Tochter Comdirect zu nennen, die eine kostenlose Depotführung anbieten. Darüber hinaus sind insbesondere bei jüngeren Kunden Online-Broker beliebt, die ebenfalls keine Gebühren für das Depot verlangen und außerdem sehr niedrige Gebühren pro Kauf- oder Verkaufsauftrag verlangen. Beispiele sind Smartbroker oder Trade Republic.

Trotz der Tatsache, dass unterschiedliche Anleger mit ganz verschiedenen Strategien zu Reichtum gelangt sind, handelt es sich bei den 5 genannten Regeln um solche, über deren Gültigkeit allgemein Konsens herrscht. Insofern sollte sie jeder Investor beherzigen – und das heißt unbedingt anwenden, in allen Fällen. Bevor man sich also gierig auf ein lukrativ klingendes Angebot stürzt, sollte man sich die genannten Regeln noch einmal ins Gedächtnis rufen und überprüfen, ob das konkrete Investment auch zu den goldenen Regeln passt. Wenn bei einem Investment eine hohe Rendite mit geringem oder ganz ohne Risiko versprochen wird, das dazu aufgrund der enormen Nachfrage nur noch den Kurzentschlossenen zur Verfügung steht, dann ist eigentlich immer etwas faul. Man muss immer wieder aufpassen, die eigenen Grundsätze auch tatsächlich in die Tat umzusetzen. Wenn man es aber tut, vermeidet man allerhand Kopfschmerzen.

2.3 Das Internet als Medium für Information und Geschäftsabschluss

Wie geht man also heute vor, wenn man Geld anzulegen hat? Man fragt nicht mehr seinen Bankberater (den man im Zweifelsfall weder kennt noch zu der Uhrzeit erreichen würde, wenn man sich des Problems gerade annehmen möchte), sondern man setzt sich an den Rechner und nutzt die Suchmaschine eines bekannten amerikanischen Unternehmens.[7]

---

7 Man kann natürlich auch Siri, Alexa oder andere virtuelle Assistenten fragen. Allerdings verfügen diese über keinerlei Sachkenntnis und fragen sicherheitshalber ebenfalls bei Google nach.

Wenn man nun »Geldanlage« allein oder in Verbindung mit wichtigen Attributen wie »sicher« oder »rentabel« eingibt, stößt man – fast unabhängig vom genauen Suchbegriff in Deutschland fast immer auf die gleichen Webseiten.

Die Links fallen bis auf wenige Ausnahmen in folgende Kategorien:

- Traditionelle Vermögensverwalter: In diese Kategorie fallen Anbieter, die von den Kunden in der Regel sechsstellige Mindestanlagesummen verlangen und die sich dann um deren Geldanlage kümmern. Für den Normalbürger kommen derartige Volumina kaum in Frage.
- Verbraucherportale: Neben den Internetseiten von Stiftung Warentest (www.test.de) findet man auch noch www.verbraucherzentrale.de und www.finanztip.de (eine Stiftung, die die finanzielle Bildung der Bürger zum Ziel hat). Hier ist zumindest kein kommerzielles Interesse zu erwarten, insofern bieten sich solche Internetseiten auch gut für eine Recherche und einen Überblick an.
- Digitale Vermögensverwalter, die man als Robo-Advisor bezeichnet, da sie den Kunden fast vollständig digital Vorschläge für die Geldanlage unterbreiten und diese auch in Bankdepots umsetzen. Hier gibt es Varianten von etablierten Banken (z. B. Robin von der Deutschen Bank), Fondsgesellschaften (z. B. Visualvest von der genossenschaftlichen Fonds-Gesellschaft Union Investment) oder vor ein paar Jahren neu gegründete eigenständige Unternehmen (wie z. B. Scalable, Ginmon oder Liqid).
- Vergleichsplattformen: Bei einer solchen Suchanfrage sind Unternehmen wie Check24, Verivox oder Financescout immer zu finden, da sie mit ihren Dienstleistungen dem Kunden die Auswahl aus dem komplexen Universum der Geldanlagemöglichkeiten durch einen Vergleich der relevanten Angebote erleichtern wollen.
- Spezialisierte Plattformen, die ausgewählte Produktlinien vermarkten, z. B. die Vermittlung von Beteiligungen an Unternehmen oder Immobilien (z. B. Companisto oder Exporo) oder solche, die den Kunden Fest- oder Termingelder vermitteln (z. B. Weltsparen).
- Trading-Anwendungen: Darunter fallen Plattformen, die günstige Wertpapieranlagen ermöglichen (sogenannte Neobroker, z. B. Trade Republic) oder die den Investoren einen Zugang zu erfolgreichen Anlegern

bieten, deren Portfolien dann nachgebildet werden können (sogenanntes Social Trading, z. B. Wikifolio).

Man sieht also, die traditionellen Banken kommen bei entsprechenden, naheliegenden Suchbegriffen gar nicht mehr vor. Die Zukunft liegt bei digitalen Angeboten, bei denen der Kunde direkt über das Internet eine Geldanlageform auswählt und direkt abschließt – mit wenigen Klicks und in vergleichsweise kurzer Zeit.

Insbesondere jüngere Menschen nutzen zur Information Social-Media-Kanäle. Dort tummeln sich auch sogenannte Finfluencer, also Personen, die eine gewisse Reichweite haben und die Investmenttipps geben. Es ist zumindest fraglich, ob bei dieser Gruppe die entsprechenden fachlichen Qualifikationen vorliegen, um fundierte Empfehlungen abzugeben. Auch bei diesen Personen fällt das Geld nicht vom Himmel, sondern sie müssen es verdienen. Nicht selten erhalten sie Provisionen von Plattformen oder Unternehmen, deren Produkte sie ihren Followern empfehlen. Laut einer Studie der Bundesanstalt für Finanzdienstleistungsaufsicht von Ende 2024 liegt die Abschlussquote bei Empfehlungen von Finfluencern bei ca. 80 %. Offensichtlich wird insbesondere von jüngeren Anlegern dieser Gruppe sehr viel Vertrauen entgegengebracht. Die finanziellen Vorteile, die für die Finfluencer mit solchen Anlagetipps verbunden sind, sind aber vielen tatsächlich nicht bekannt. Es ist also dringend zu empfehlen, sich über die Beweggründe der Influencer und deren Einkommensströme zu informieren, bevor man einem Ratschlag mehr oder weniger blind folgt.

2.4 Investieren in digitale Trends

Die Digitalisierung hat einen Goldrausch entfacht. Überall entstehen neue Unternehmen, die die etablierten Spieler herausfordern. Aber wie bei jedem Goldrausch ist es auch hier so, dass nicht nur diejenigen profitieren, die das Gold finden, sondern auch solche, die ihnen Schaufeln und Hacken liefern. So gibt es für jedes Amazon auch mehrere Paketzusteller, deren Geschäft sich im Zuge neuer Entwicklungen ausweitet. Im Rahmen der Digitalisierung betrifft dies vor allem Anbieter von Microchips, Speicherkapazität (Cloud), künstlicher Intelligenz und Telekommunikation –

sozusagen die Schaufeln und Hacken einer modernen datengetriebenen Ökonomie.

Zwar stehen den Investoren im Prinzip immer noch die gleichen Instrumente zur Verfügung, aber sie können an Märkten partizipieren, zu denen sie bisher nie einen Zugang hatten. Für den Ausschluss von lukrativen Anlagemöglichkeiten waren im Wesentlichen folgende Gründe ursächlich:

- Bei bestimmten Anlageformen bestehen hohe Mindestsummen. So haben beispielsweise Private-Equity-Gesellschaften häufig Volumina von bis zu 5 Millionen Euro für ein Investment verlangt, um die Zahl der Kunden in einem Fonds überschaubar zu halten. Auch die Anlage in Immobilien fällt in diese Kategorie, denn der Erwerb eines Mehrfamilienhauses in einer deutschen Großstadt zur Erzielung von Mieteinkünften ist in guten Lagen unter einem siebenstelligen Betrag nicht möglich. Hier finden natürlich die weiter vorne erläuterten Grundsätze der Streuung des Vermögens ihre Anwendung, denn einen großen Teil des Geldes in eine einzige Anlageklasse zu investieren, birgt ein signifikantes Risiko.
- Die Transaktionskosten können sehr hoch sein. So kostet z. B. der Erwerb einer Immobilie i. d. R. gut 10 % der Kaufsumme (Grunderwerbsteuer, Notarkosten, ggf. Maklercourtage) und wenn man die Immobilie wieder verkaufen möchte, kann ebenfalls eine Maklergebühr fällig werden. Hält man die Immobilie weniger als 10 Jahre, ist der Wertzuwachs auch noch zu versteuern.
- Normalerweise hat man nur Zugang zum deutschen Anlagemarkt. Angebote von traditionellen Finanzprodukten von Unternehmen in anderen Ländern sind aufgrund von Sprachbarrieren und steuerlichen Regelungen schwer umsetzbar.

Die Digitalisierung hat die Informationsgewinnung und die Vermittlung von Kapitalanlagen über das Internet erst ermöglicht. Internet-Plattformen, die Vermögensanlagen vermitteln, setzen an allen drei genannten Gründen an und ermöglichen ihren Kunden Investitionen mit Kleinstbeträgen, mit überschaubaren Transaktionskosten und mit Zugang zu Drittländern. Man spricht in diesem Zusammenhang auch von einer Demokratisierung der Kapitalanlage.[8] Die Darstellung der Funktionsweise dieser Plattformen ist der Schwerpunkt des nachfolgenden dritten Kapitels.

Darüber hinaus können Anleger natürlich auch von weltweiten Megatrends profitieren, die durch die Digitalisierung entstanden sind. Hier sind die Plattformökonomie, Kryptowährungen, die hinter diesen stehende Blockchain-Technologie sowie künstliche Intelligenz zu nennen. Die Liste globaler Entwicklungslinien ist selbstverständlich um ein Vielfaches länger (z. B. erneuerbare Energie, Mobilität etc.), aber die nachfolgenden Erläuterungen beschränken sich auf die vier Genannten, da diese für das Verständnis der im dritten Kapitel dargestellten neuen Vermittlungsansätze von Kapitalanlagen hilfreich sind.

2.4.1 Die Plattformökonomie

Plattformen sind Geschäftsmodelle auf Grundlage des Internets, die auf elektronischem Wege Angebot und Nachfrage zusammenbringen. Die wertvollsten Unternehmen der Welt wie Apple, Amazon, Alphabet (Google) oder Facebook sind als Plattformen zu marktbeherrschenden Giganten geworden, die sich als Mittler zwischen dem Anbieter (Unternehmen oder Privatperson) und dem Nachfrager (im Kontext der Geldanlage nur Privatpersonen, ansonsten auch Unternehmen) positionieren. Für die meisten – und das gilt sicherlich nicht nur für die jüngeren Generationen – sind diese Angebote mittlerweile selbstverständlich geworden und gehören zum Alltag. In welchem Umfang und in welcher Reichweite über Plattformen Verträge vermittelt werden, die für Privatpersonen relevant sind, zeigen nachfolgende Beispiele:

- Mieter und Vermieter von Wohnungen (z. B. immobilienscout.de)
- Käufer und Verkäufer von Kraftfahrzeugen (z. B. mobile.de oder autoscout24.de)
- Fahrgast und Beförderungsunternehmen (z. B. taxi.de oder uber.com)

---

8 Der Begriff »Demokratisierung« verspricht, dass alle Menschen Zugang zu bestimmten Gütern oder Dienstleistungen, in diesem Fall Anlageprodukten haben sollen. Die Formulierung geht zurück auf eine Aussage von Henry Ford aus dem Jahr 1909, der Kraftfahrzeuge auch für die Mittelschicht erschwinglich machte (»I am going to democratize the automobile«).

- Urlauber und Wohnungseigentümer (z. B. fewo-direkt.de oder airbnb.de)
- Musiker und Musikbegeisterte (z. B. spotify.com)

Durch die transparente Darstellung und die öffentliche Verfügbarkeit von Bewertungen bestimmter Teilnehmer durch andere, die mit diesen bereits Transaktionen abgeschlossen haben, kann man das ideale Angebot auswählen. Diese digitalen Marktplätze besuchen auch Personen, die sich einen Überblick verschaffen oder den Markt sondieren möchten, die aber nicht direkt an einem aktuellen Abschluss interessiert sind. Für den Kunden sind die Suchkosten, im Falle eines Geschäftsabschlusses aber auch die Transaktionskosten, sehr moderat.

Natürlich gibt es entsprechende Möglichkeiten auch im Rahmen der privaten Kapitalanlage. Die für den deutschen Markt relevanten Plattformen werden im 3. Kapitel umfassend vorgestellt.

Eine Plattform basiert auf dem Netzwerkgedanken. Der Nutzen eines Netzwerks wird für die Teilnehmer umso größer, je mehr potenzielle Geschäftspartner sie erreichen können. Wenn jemand online ein Auto sucht und auf einer Webseite werden nur wenige Fahrzeuge angeboten, dann wird man diese Plattform vermutlich in Zukunft nicht mehr nutzen. Das gilt natürlich auch umgekehrt für die Händler, die umso eher bereit sind, ihre Produkte auf einer Plattform anzubieten, je größer deren Kundenreichweite ist. Deswegen haben sich in vielen Bereichen auch monopolistische Strukturen oder wenige dominierende Parteien etabliert, die den Markt unter sich aufteilen.

2.4.2 Kryptowährungen

Weshalb Kryptowährungen einen solchen Hype ausgelöst haben, lässt sich leicht an der Wertentwicklung des wichtigsten Vertreters dieser Kategorie, dem Bitcoin, ablesen. Zum Jahresbeginn 2017 konnte man einen Bitcoin für ca. 900 USD kaufen, 4 Jahre später wurde er für über 50.000 USD gehandelt, Ende 2024 stieg der Bitcoin über die Marke von 100.000 USD. Das sind natürlich Renditen, von denen Kapitalanleger träumen (▶ Dar. 2).

Aber man darf auch nicht vergessen, dass Kryptowährungen von extremen Schwankungen des Wertes geprägt sind und damit ein hohes

USD pro Bitcoin

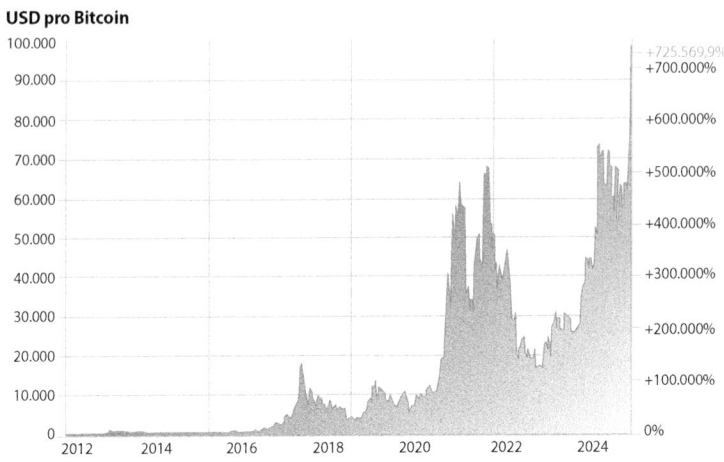

Dar. 2: Bitcoin-Kurs 2012 bis Anfang Dezember 2024 (in USD; Quelle: www.finanzen. net)

Risiko verbunden ist. So hat der Bitcoin zwischen Ende 2017 und Ende 2018 mehr als 80 % seines Wertes verloren (von knapp 20.000 USD auf ca. 3.200 USD) und ist zwischen Mitte April und Mitte Mai 2021 um mehr als die Hälfte eingebrochen (von ca. 65.000 USD auf knapp über 30.000 USD). Nach der Wahl von Donald Trump zum US-Präsidenten ist der Bitcoin binnen eines Monats dann sogar um fast 30.000 USD gestiegen.

Viele betrachten den Bitcoin und andere virtuelle Währungen als reines Spekulationsobjekt, da hinter dem Bitcoin kein realer Wert steht – im Gegensatz zu einer Aktie als Anteilsschein an einem spezifischen Unternehmen. Vor diesem Hintergrund muss man die Eignung von virtuellem Geld als Anlageform in Zweifel ziehen. In jedem Fall sollten interessierte Anleger nur einen kleinen Teil ihres Vermögens in derartigen Vehikeln anlegen.

Entstanden sind Kryptowährungen in der Finanzkrise, insbesondere mit dem Ziel, ein digitales Transaktionssystem zu etablieren, das unabhängig von Notenbanken und anderen Formen staatlicher oder hoheitlicher Einflussnahme funktioniert. Ein bis heute unbekannter Autor mit dem Pseudonym Satoshi Nakamoto hat 2008 in einem im Internet veröffentlichten Dokument eine neue Währung vorgeschlagen (den Bitcoin), die unabhängig von Staaten ist und die auf rein digitalen Verfahren beruht. Es gibt also keine Bitcoin-Münzen oder Scheine, es ist eine rein virtuelle Währung.[9] Da die maximale Anzahl der Bitcoins beschränkt ist, wird davon ausgegangen, dass es in einem Bitcoin-Regime keine Inflation geben kann.

Auch wenn der Bitcoin die mit Abstand bekannteste virtuelle Form von Geld darstellt, so gibt es mittlerweile tausende verschiedener Kryptowährungen, von denen natürlich die allermeisten ein recht obskures Schattendasein führen. Die nachfolgende Tabelle zeigt die nach Bewertung 5 wichtigsten Varianten. Anfang Dezember 2024 lag der Wert des Bitcoin höher als die Marktkapitalisierung aller Unternehmen im DAX zusammen (ca. 1,75 Billionen €), obwohl hinter dem Bitcoin keine realen Werte stehen.

Dar. 3: Preis und Marktwert der wichtigsten Kryptowährungen (Quelle: Eigene Darstellung nach den Daten von www.coinmarketcap.com, Stand 04.12.2024, 13.20 Uhr MEZ)

Name	Kürzel	Preis (in USD)	Marktwert
Bitcoin	BTC	96.135,58	1.902,577 Mrd. USD
Ethereum	ETH	3.726,56	448,834 Mrd. USD
Ripple	XRP	2,61	148,813 Mrd. USD
Tether	USDT	1,0000	135,067 Mrd. USD
Binance Coin	BNB	783,95	112,895 Mrd. USD

Die elektronischen Börsen, auf denen diese Werte transferiert werden können, sind immer geöffnet. Kryptowährungen werden rund um die Uhr und 365 Tage im Jahr gehandelt.

Was Kryptowährungen neben den hohen historischen Renditen so spannend macht, ist die Tatsache, dass es sich um einen teilweise noch unregulierten Markt handelt, der einen manchmal an den Wilden Westen erinnert. Denn bei solchen digitalen Vermögenswerten besteht tatsächlich das Risiko, dass dem Anleger das gesamte Kryptovermögen abhandenkommt. Dazu

---

9 Streng genommen handelt es sich nicht um eine Währung, da eine der Voraussetzungen für diese Klassifizierung die Wertaufbewahrungsfunktion ist, die der Bitcoin nicht erfüllt.

bedienen sich Kriminelle dieser Tage nicht mehr der im Wilden Westen gängigen Methode des Postkutschenraubs, sondern des Hackings. So brach z. B. 2014 die damals größte Bitcoin-Börse Mt. Gox in Japan zusammen, als im Rahmen eines Cyberangriffes ca. 850.000 Bitcoin gestohlen wurden. Für die Investoren, die über Mt. Gox ihre Kryptowährungen gekauft und verwaltet hatten, war das Geld unwiederbringlich verloren. Eine Versicherung oder ein Einlagensicherungssystem existierten nicht.

So wie man Münzen und Scheine in einem Portemonnaie aufbewahrt, benötigt man für virtuelles Geld ein sogenanntes Wallet, also eine elektronische Geldbörse, in der sämtliche relevanten Daten gespeichert werden. Um das Risiko eines Daten- und damit finanziellen Verlustes zu minimieren, muss sich der Investor Gedanken machen, wie er sein Wallet sichert. Hierzu gibt es Apps bzw. Programme, mit denen man die Daten verschlüsselt auf dem eigenen Smartphone oder dem Computer speichern kann. Ganz sicher ist auch das nicht, denn diese Form der Datenspeicherung ist vor einem Virus oder einem Hackerangriff auch nicht vollständig geschützt. Daher greifen viele auf externe Datenträger wie USB-Sticks zurück, die dann physisch an einem sicheren Ort verwahrt werden können.

Auch wenn man den USB-Stick wiederum in einem Schließfach einer traditionellen Bank verwahren könnte, so ist es (noch) nicht möglich, über etablierte Kreditinstitute Bitcoin und andere Kryptowährungen zu erwerben und zu verkaufen.[10] Allerdings werben einige Banken oder auch Neobroker damit, dass man über sie Kryptowährungen kaufen kann. Streng genommen ist das aber nicht der Fall, da keine wirklichen Bitcoin oder andere virtuelle Währungen erworben werden, sondern Finanzinstrumente wie ETN (Exchange Traded Notes) oder CFD (Contracts for Difference), deren Wert sich parallel zur jeweiligen Kryptowährung entwickelt.[11]

---

10 Die Commerzbank hat von der deutschen Finanzaufsicht als erstes Kreditinstitut eine sogenannte Kryptoverwahrlizenz erhalten. Das versetzt das Unternehmen in die Lage, Kunden den Handel mit Kryptowährungen anzubieten. Bis Spätherbst 2024 konnten dies aber nur vermögende und institutionelle Kunden wahrnehmen.

11 Bei Social-Trading-Plattformen tauschen Privatanleger Informationen über Investments aus oder publizieren die Zusammensetzung ihres gesamten Portfolios. Andere Investoren können diese Portfolien dann mit eigenen Einschätzungen kommentieren oder auch mit eigenem Geld nachbilden. Durch die Transparenz der Portfoliozusammensetzung wird Social Trading auch als eine Alternative zur Vermögensverwaltung gesehen. Details finden sich in Kapitel 3.4.

Will man aber direkt in Kryptowährungen und nicht in an virtuelle Werte gekoppelte Derivate investieren, benötigt man den Zugang zu einer spezifischen Handelsplattform. Die wichtigsten Marktplätze, über die in Deutschland virtuelles Geld gehandelt werden kann und die sich teilweise erheblich hinsichtlich ihrer Gebührenstruktur unterscheiden, sind die Folgenden:

• Binance ist ein ursprünglich chinesisches Unternehmen, das seinen Sitz nach Malta verlegt hat, allerdings nicht von der maltesischen Finanzaufsicht reguliert wird. Binance ist die weltgrößte Kryptobörse und hat über 500 verschiedene virtuelle Währungen im Angebot, von denen allerdings nur die gängigsten mit Euro bezahlt werden können. Für den Rest müssen erst andere Kryptowährungen erworben werden, um den Kauf zu finanzieren.
• Bitcoin.de: Das börsennotierte deutsche Unternehmen (Bitcoin Group SE) aus Herford ist eine sogenannte Peer-to-Peer Börse, bei der Privatanleger Kryptowährungen anbieten und kaufen. Es handelt sich um keine Börse, sondern um einen Marktplatz, bei dem die Kunden wie bei Ebay direkt miteinander in eine Geschäftsbeziehung eintreten.
• Bitpanda ist eine österreichische Plattform, bei der der Kunde auch Aktien, ETFs und Edelmetalle erwerben kann. Bitpanda und der FC Bayern München haben eine strategische Partnerschaft.
• Coinbase ist eine amerikanische Kryptobörse, die im April 2021 in New York an die Börse (Technologiebörse NASDAQ) gegangen ist und am Tag der Erstnotiz einen Marktwert von ca. 85 Mrd. USD aufzuweisen hatte.
• Die Digital Exchange ist eine Tochtergesellschaft der Stuttgarter Börse und von der Bundesanstalt für Finanzdienstleistungsaufsicht reguliert. Bisher kann erst in 10 verschiedenen Coins gehandelt werden.

Das in Zypern sitzende Unternehmen eToro, das eigentlich eine Social-Trading-Plattform ist, bietet beispielsweise die Möglichkeit, über die oben schon erwähnten CFD-Kryptowährungen zu handeln. Allerdings ist die Anzahl der Coins auf eine niedrige zweistellige Anzahl beschränkt, exotischere Varianten sind nicht verfügbar. Bei einem CFD vereinbaren ein Anleger und ein Broker, einen Vermögensgegenstand (z.B. Bitcoin) und eine Währung (z.B. Euro) zu 2 festgelegten Terminen hin- und wieder zurückzutauschen. Wenn der Bitcoin steigt, erhält man am Ende der Laufzeit des CFD die Differenz, ansonsten muss man den Wertunterschied an den Broker zahlen. CFD bilden 1:1 den Kurs der jeweiligen Kryptowährung ab und zeichnen sich auch durch ein vergleichbares Risiko aus.[12] Trade Republic ist ein in Berlin gegründetes Broker-Unternehmen mit Banklizenz, über das Kunden neben einigen der wichtigsten Kryptowährungen auch Aktien und ETFs handeln können.[13] Hier wird als Handelsvehikel für Kryptowährungen die Exchange Traded Note (ETN) verwendet. ETNs haben nicht nur hinsichtlich der Bezeichnung große Ähnlichkeiten zu den schon vorgestellten ETFs. Ein wesentlicher Unterschied besteht darin, dass ein ETF immer ein Portfolio bzw. einen Index mit einer Vielzahl von Wertpapieren abbildet, eine ETN dagegen in der Regel ein einzelnes Finanzinstrument, z. B. den Bitcoin.

Bei allen diesen Anbietern ist es mittlerweile erforderlich, seine persönlichen Daten anzugeben und sich zu identifizieren. In der Anfangszeit des Kryptobooms wurde eine eindeutige Identifizierung der Kunden der Plattformen nicht gefordert, so dass auch heute noch eine Reihe von Bitcoin-Konten existieren, bei denen der Kunde nicht bekannt ist, sondern lediglich über die Nummer seines Wallets und ein Passwort (den sogenannten »private key«) auf sein Vermögen zugreift. Immer noch gibt es Möglichkeiten, Kryptowährungen anonym zu handeln, obwohl die Regulierungsbehörden die Schlupflöcher nach und nach schließen, um kriminelle Handlungen wie Geldwäsche und Steuerhinterziehung zu verhindern.

Der Ruf des Bitcoin hat lange Zeit darunter gelitten, dass im Darknet kriminelle Transaktionen mit virtuellem Geld abgewickelt wurden. Dies liegt vor allem daran, dass nicht auf allen Handelsplätzen eine Identifika-

---

12 Es gibt auch gehebelte CFD, bei denen man das Mehrfache der Wertdifferenz erhält oder zahlen muss. Aber das sind Instrumente, die beim besten Willen für Privatanleger mit eingeschränktem Vermögen nicht in Frage kommen, sondern für Zocker.

13 Trade Republic gilt als eines der erfolgreichsten neuen Finanztechnologieunternehmen (FinTechs) in Europa und hat im Mai 2021 fast eine Milliarde USD von Investoren eingesammelt, darunter der legendäre Silicon Valley Fonds Sequoia Capital, der als Frühphaseninvestor auch an Apple, WhatsApp, Instagram, Google, Youtube, PayPal, Yahoo und vielen anderen Unternehmen der digitalen Ökonomie beteiligt war.

tion des Kunden erforderlich ist und eine Nachverfolgung krimineller Aktivitäten zumindest über den Geldfluss deutlich erschwert wird. Im Darknet werden Waffen, Drogen und Ähnliches illegal gehandelt, aber auch Erpressung bei Hackerangriffen kann so bezahlt werden.[14] Es gibt aber durchaus auch Projekte mit dem Ziel, die Schwankungen von Kryptowährungen durch Kopplung an einzelne Währungen (Tether, der vierte Wert in Darstellung 3, ist beispielsweise an den USD gekoppelt) oder einen Währungskorb (Libra bzw. Diem, eine von Facebook entwickelte Kryptowährung war ursprünglich an 5 Währungen gebunden, mittlerweile aber ebenfalls nur noch an den USD) zu beschränken. Aufgrund der durch die Bindung an eine Währung wie den USD geringeren Wertveränderung nennt man solche Instrumente auch Stablecoins.

Dass der Bitcoin und zumindest einige andere bekanntere Kryptowährungen mittlerweile fast schon im Mainstream angekommen sind, kann man am US-Wahlkampf im Herbst 2024 beobachten. Während sich Donald Trump in seiner ersten Amtszeit als US-Präsident sehr skeptisch und restriktiv gegenüber Bitcoin & Co. geäußert hatte, erklärte er sich im Jahr 2024 auf einer Konferenz zum »Bitcoin-Präsidenten«. Nach dem Wahlsieg von Donald Trump Anfang November 2024 stieg der Bitcoin daraufhin auch innerhalb von 2 Wochen um ca. 40 %. Die USA haben angekündigt, unter Präsident Trump eine strategische Bitcoin-Reserve aufbauen zu wollen.

Für Anleger, die auf ökologische und nachhaltige Kriterien einer Geldanlage achten, ist der Bitcoin definitiv keine Alternative. Die im nächsten Abschnitt (Blockchain-Technologie) erläuterten Methoden der Verifizierung der getätigten Transaktionen verursachen weltweit einen enormen Stromverbrauch (man spricht davon, dass Bitcoin-Transaktionen so viel Elektrizität verbraucht wie ein gesamter Staat der Größe Dänemarks). Zwar befinden sich einige der beteiligten Rechnerkapazitäten in Island, wo der Strom grün erzeugt wird, aber eben auch in Ländern wie Russland und China, die es in ihrer Elektrizitätserzeugung mit Umweltstandards nicht immer so genau nehmen.

---

14 Die bekannteste Handelsplattform im Darknet mit Namen Silk Road nutzte die Anonymität von Bitcoinzahlungen und vermittelte in großem Stil Drogen, Waffen, etc. Sie wurde 2013 vom FBI ausgehoben und der Gründer zu mehrmals lebenslänglicher Haftstrafe ohne Möglichkeit vorzeitiger Entlassung verurteilt.

2.4.3 Die Blockchain-Technologie

Die Idee der Blockchain ist sehr eng mit Kryptowährungen verbunden. Diese sind im Rahmen der Finanzkrise 2007/08 vor allem mit dem Ziel entstanden, ein Zahlungssystem zu etablieren, das von Banken, Notenbanken und anderen staatlichen Stellen unabhängig ist.

Vor allem zwei Säulen einer traditionellen Wirtschaft wurden damit angegriffen – die Notwendigkeit von Banken als Institution, die Zahlungen abwickelt und die zentrale Speicherung von Daten an einem einzigen Ort:

• Wenn Person A in Frankfurt an Person B in London 1.000 € überweisen möchte, dann muss er sich hierzu in der Regel einer Bank bedienen, die die Zahlung abwickelt. Beide Kunden müssen eindeutig identifiziert werden, die Transaktion läuft zwischen verschiedenen Ländern ab (so dass auch noch ein Wechselkurs zwischen Euro und britischen Pfund berücksichtigt werden muss) und es sind mindestens 2 Banken involviert (die Hausbank von Person A in Deutschland und die von Person B in Großbritannien). Wenn die beiden Hausbanken keine direkte Korrespondenzbankenverbindung miteinander haben, muss noch eine dritte Bank zwischengeschaltet werden, um die Verbindung zwischen den beiden Hausbanken herzustellen. Man kann sich leicht vorstellen, dass dieser Weg sehr zeit- und vor allem kostenintensiv ist. Die Blockchain bietet nun eine Möglichkeit, vollständig ohne Zwischenschalten von Kreditinstituten eine Zahlung abzuwickeln und revolutioniert damit sowohl die Zeit, die für eine Transaktion benötigt wird als auch die Gebühren, die für solche Überweisungen bisher angefallen sind. Ganz unabhängig von der Entstehung der Blockchain im Zusammenhang mit Kryptowährungen schafft die neue Technologie Rahmenbedingungen, mit denen Transaktionen viel effizienter umgesetzt werden können als bisher.

• Person C schickt über einen Messenger-Dienst eine Nachricht an Person D. Diese Nachricht wird zunächst zentral auf den Servern des Messenger-Dienstes gespeichert und erst dann an den Empfänger weitergeleitet. Die Daten sind demnach an einem Ort gespeichert und nur ein Unternehmen hat Zugriff darauf.[15] Was mit den Daten passiert,

---

15 Auch Backups oder in der Cloud gelagerte Daten bleiben zentral gespeichert.

wem sie zugänglich gemacht werden, wie sicher sie sind, ob sie ggf. durch Hacking in die Hände von Kriminellen gelangen können, sind Fragen, die aus der zentralen Datenspeicherung folgen. Auch hier stellt die Blockchain-Technologie eine Möglichkeit zur Verfügung, die die Notwendigkeit einer zentralen Datenspeicherung überwindet und damit die meisten der genannten Risiken beseitigt.

Die Blockchain ist das technische Rückgrat des Bitcoin. Mittlerweile hat sich die Technologie aber bei anderen Kryptowährungen und Drittanwendungen etabliert. Man kann an den beiden oben genannten Beispielen erkennen, dass die Technologie erhebliche Chancen bietet und die Aspekte Zeit, Kosten und Unsicherheit positiv beeinflussen kann. Das Prinzip der Blockchain ist das der dezentralen, von allen am Netzwerk Teilnehmenden einsehbaren Datenspeicherung. Statt die Daten auf den Servern eines einzelnen (zentralen) Unternehmens zu speichern, werden diese weltweit über eine Vielzahl unterschiedlicher Rechner verteilt.

Alle Transaktionen können in einem öffentlichen Kontobuch nachverfolgt werden. Alle Geschäfte in einem Netzwerk werden in diesem Kassenbuch gespeichert und dementsprechend haben alle Teilnehmer Kenntnis darüber, welchen Kontostand jedes Netzwerk-Mitglied hat. Mit diesem Wissen kann jeder Transaktionen bestätigen oder ablehnen (abgelehnt wird z. B. dann, wenn jemand mehr überweisen möchte als er zur Verfügung hat). Um die oben geschilderten Probleme mit der zentralen Datenspeicherung zu vermeiden, wird das Kontobuch auf sehr vielen vernetzten Rechnern weltweit komplett gespeichert.

Im nächsten Schritt muss nun sichergestellt werden, dass auf allen Computern des Netzwerks die gleiche Version des Kontobuchs liegt. Erst dann ist die Datenintegrität gewährleistet. Hierzu übernehmen einige der Beteiligten – die sogenannten Miner[16] – die Funktion einer Prüfinstanz

---

16 Influencer ist nicht der einzige Mode-Beruf des digitalen Zeitalters, auch Mining bietet durchaus ein einkömmliches Betätigungsfeld. Die mit Abstand meisten Miner sitzen in China, viele auch in den USA und Russland. Sie werden deswegen so genannt, weil sie im Prinzip wie Schürfer in Goldminen auf der Suche nach der nächsten Transaktion sind, die es zu verifizieren gilt und die dann mit einem bestimmten Betrag, im Prinzip den Transaktionskosten bzw. Gebühren des Geschäfts, belohnt wird.

für neue Transaktionen. Die Miner überprüfen zunächst die Gültigkeit eines Geschäfts (z. B. durch Vergleich des Überweisungsbetrages mit dem Kontostand) und müssen dann mit Hilfe komplexer mathematischer Verfahren (die man als »Proof-of-Work« bezeichnet) Schlüsselcodes generieren, die die Transaktion verifizieren. Wer das als erstes schafft, erhält eine finanzielle Belohnung (meist in Bitcoin-Bruchteilen) und trägt den Geschäftsabschluss in das öffentliche Kontobuch ein. Mit einer Veröffentlichung des Schlüssels im Netzwerk kann dann auf allen dezentralen Rechnern die Transaktion nachgetragen und damit synchronisiert werden.

Die Suche nach dem für die Verifizierung eines Geschäfts korrekten Schlüssel erfordert erhebliche Rechnerkapazitäten. Je höher der Bitcoin steigt, umso mehr lohnt es sich, Rechnerparks mit hohen Verarbeitungskapazitäten anzulegen, um mit Mining Geld zu verdienen. Transaktionen werden in der Regel nicht einzeln, sondern in Blöcken zusammengefasst von den Minern verifiziert. Durch das Hinzufügen einer Gruppe von Geschäften zum öffentlichen verteilten Kontobuch entsteht eine Kette von Blöcken oder auf englisch die »Blockchain«.

Diese Konstruktion verhilft der Blockchain zu einer Reihe von Vorteilen gegenüber traditionellen Transaktionsverfahren:

- Eine Blockchain ist durch die verwendete dezentrale Struktur der Datenspeicherung und die eingesetzten kryptographischen Verfahren sicher vor Manipulationen und Hacks, da zwar einzelne Rechner infiltriert werden können, aber niemals das gesamte Netzwerk gleichzeitig.
- Der Verzicht auf Mittelsleute spart Zeit und ist kostengünstig.
- Die Transaktionen sind unveränderlich, wenn sie einmal in der Blockchain gespeichert worden sind und daher immer nachvollziehbar. Damit einher geht auch ein hohes Maß an Transparenz.
- Über die Blockchain ist es möglich, problemlos und manipulationssicher Vermögensgegenstände zu übertragen (einige Länder experimentieren z. B. schon an einem Grundbuch auf dieser technologischen Basis).
- Da die Grundlage ein Programmcode ist, kann man Wenn-dann-Beziehungen bereits im Code verankern. Solche auch smart contracts (intelligente Verträge) genannten Klauseln ermöglichen die automatische

Verbuchung von bestimmten Transaktionen oder anderen vordefinierten Aktionen.[17]

Da die Blockchain-Technologie auch von Unternehmen genutzt werden kann, die auf ihren Rechnern sensible Kundendaten (bei einem Versicherungsunternehmen z. b. Daten über die Krankengeschichte) gespeichert haben, kann eine Blockchain auch von einem einzelnen Unternehmen oder von einem Konsortium betrieben werden.

Trotz der Tatsache, dass die Technologie dem Bereich der Kryptowährungen entstammt, ist deren Zukunft nicht daran gebunden. Selbst wenn virtuelles Geld scheitern sollte und vom Markt verschwindet, bietet die dahinter liegende technische Infrastruktur erhebliches Potenzial für ein ganzen Universum voller Möglichkeiten.

In diesem Zusammenhang ist es notwendig, den aktuellen Trend der sogenannten Tokenisierung einmal kurz zu beleuchten, da er blockchainbasierte Kapitalanlagemodelle ermöglicht. Vereinfacht gesagt ist ein Token eine virtuelle Währung auf Grundlage der Blockchain-Technologie. Während Kryptowährungen jeweils eine eigene Blockchain nutzen, greifen Tokens auf schon existierende Blockchains zurück. Im Kontext dieses Ratgebers kommen Tokens vor allem bei der Investition in Unikate vor. Eine Investmentgesellschaft erwirbt ein Unikat (eine Immobilie, ein Gemälde etc.) und verkauft Bruchteilseigentum in Form von Token an die Anleger. Die entsprechenden Informationen (wer ist der Eigentümer, welche Anteile hat er u. a.) werden dann auf einer Blockchain gespeichert.

2.4.4   Künstliche Intelligenz

Künstliche Intelligenz (KI) ist eine Teildisziplin der Informatik, die sich mit der Abbildung und Realisierung intelligenten Verhaltens und maschinellem Lernen von Computern beschäftigt. Anders als allgemein wahrgenommen ist Künstliche Intelligenz kein neues Thema. Die Informatik

---

17 Beispielsweise kann man mit smart contracts automatische Zahlungen auslösen, wenn ein Sensor in einem Pkw beim Ein- bzw. Ausfahren mit einem Sensor in einem Parkhaus kommuniziert, der die Parkdauer misst und an die Blockchain weiterleitet, woraufhin die Parkgebühr abgebucht wird, ohne dass es noch einer menschlichen Aktion bedarf.

beschäftigt sich seit den 50er Jahren des 20. Jahrhunderts mit entsprechenden Anwendungen. Auch wenn er nicht als Erster den Begriff der Künstlichen Intelligenz verwendet hat, so geht doch die Beschäftigung mit dem Thema und die Programmierung solcher Anwendungen vor allem auf den britischen Mathematiker Alan Turing zurück. Nach ihm ist auch der sogenannte Turing-Test benannt, mit dem analysiert wird, ob man einem Menschen oder einer mit KI ausgestatteten Maschine gegenübersitzt.

Im Prinzip wird ein Computer zunächst mit Daten gefüttert und Rechenregeln, wie er diese Daten anwenden soll (sogenannte Algorithmen). Je umfangreicher die Datengrundlage ist, desto eher kann der Rechner beginnen zu lernen und eigenständig Algorithmen abzuleiten.

Der bekannteste Rechner auf Basis einer künstlichen Intelligenz ist sicherlich der IBM Deep Blue, der es 1997 geschafft hat, den amtierenden Schachweltmeister zu schlagen. Dazu wurden dem Computer mit enormer Rechenleistung tausende Schachpartien vorgelegt, die dieser analysierte und daraus Schlussfolgerungen ziehen, d. h. lernen konnte. Heutzutage ist der IBM Watson der Rechner mit der höchsten Namensbekanntheit. Auch seine Leistungsfähigkeit wurde zunächst in Wettbewerben mit realen Personen getestet und er gewann in der amerikanischen Quizshow Jeopardy, bei der nicht nur reines Faktenwissen entscheidend ist, sondern die Kandidaten auch mit Assoziationen und dem Verständnis von Zusammenhängen punkten können. Es reicht also nicht, dem Rechner die Inhalte der umfassendsten Enzyklopädie anzutrainieren, sondern er muss auch Wortwitz und Ironie verstehen, um Assoziationen ableiten zu können. Dass dies gelungen ist, zeigt, dass die Technologie bereits sehr weit fortgeschritten ist und daraus kommerzielle Anwendungen entwickelt werden können, die weitreichende Konsequenzen haben.

Im Rahmen der mit der Digitalisierung einhergehenden größeren Prozessoren und Rechnerkapazitäten hat die Künstliche Intelligenz in den letzten Jahren eine Renaissance erlebt. Ihre Bedeutung ist heute aus dem menschlichen Alltag kaum noch wegzudenken:

• Sehr viele Nutzer entsperren ihr Mobiltelefon mittlerweile über eine Gesichtserkennungssoftware und müssen nicht mehr den Zahlencode eingeben.
• Unerwünschte Emails gehen direkt in den Spam-Ordner, ohne dass sie in der Inbox landen. Dabei lernt das System, bestimmte unerwünschte

Absender, Betreffzeilen oder spezifische Inhalte zu identifizieren und herauszufiltern.

- Jede Suchmaschine, mit deren Hilfe man im Internet eine Recherche startet, arbeitet mit künstlicher Intelligenz. Wenn man nach »schnelle Gerichte« sucht, weiß die KI hinter der Suchmaschine, dass man nicht nach dem Amtsgericht sucht, das für schnelle Entscheidungen bekannt ist, sondern nach etwas Essbarem.
- Virtuelle Assistenten wie Siri (Apple) oder Alexa (Amazon) lernen aus den Präferenzen ihrer Eigentümer und schaffen es über Zeit, immer bessere und qualitativ hochwertigere Antworten auf Fragen zu geben.
- Für viele Anwender ist im privaten und im beruflichen Umfeld das Arbeiten mit Chat GPT, einer Anwendung von Open AI (wichtigster Geldgeber ist Microsoft) zum Standard geworden.

Künstliche Intelligenz hat also das Zeug, die Qualität von Arbeitsprozessen deutlich zu verbessern und etablierte Prozesse effizienter zu machen. Kritiker von KI führen an, dass die Anwendung dazu führen kann, dass insbesondere schlecht ausgebildete Arbeitskräfte ihren Job verlieren werden, da ihre Arbeit schneller und besser von einem Computer erledigt werden kann.

Auch in der Geldanlage wird künstliche Intelligenz verwendet. So werden z.B. auf dieser Basis Portfolien zusammengestellt und gesteuert und Kundenanfragen werden von sogenannten Chatbots beantwortet, die entweder mit menschlicher Stimme oder schriftlich Antworten geben.

2.4.5 Instrumente der Geldanlage in Megatrends

In diesem Abschnitt wurden einige Trends, die aktuell die Finanzmärkte verändern, ausgewählt und dargestellt. Bevor im nächsten Kapitel Plattformen angesprochen werden, über die man bestimmte Formen der Geldanlage umsetzen kann, soll hier zumindest nicht unerwähnt bleiben, dass Anleger neben der Nutzung von Plattformen als Vermittler von Anlagevehikeln auch direkt in die oben genannten oder auch andere Megatrends investieren können.

Die Instrumente, mit denen das möglich ist, sind Aktien, Fonds und ETFs. Bei Aktien ist selbstverständlich dem Risiko eines individuellen

Unternehmensanteils durch Streuung Rechnung zu tragen. Grundsätzlich schießen Fonds und ETFs (inklusive der zur Nachbildung erforderlichen Indices) wie Pilze aus dem Boden, wenn ein bestimmter Investmenttrend vielversprechend ist.[18]

Die meisten der wertvollsten Unternehmen der Welt sind heutzutage **Plattformen**. Typische Beispiele für Unternehmen, die praktisch ausschließlich auf diesem Geschäftsmodell aufbauen sind Airbnb, Alphabet (Google), Amazon, Ebay, Facebook, Uber und in China Anbieter wie Alibaba und Tencent.[19] Alle Genannten sind börsennotiert und selbstverständlich auch in Investmentfonds und Indices mit Digitalisierungsschwerpunkt prominent vertreten. Die Wertpapiere sind auch in Deutschland handelbar, jedoch muss berücksichtigt werden, dass die Aktien in USD oder Yuan notiert werden und insofern bei deutschen Anlegern ein Währungsrisiko entsteht. Da ETFs einen Index abbilden, muss für Investitionen in die Plattformökonomie ein entsprechender Index ausgewählt werden. Hier hat sich mittlerweile der MSCI ACWI IMI Digital Economy[20] etabliert, auf den auch ETFs angeboten werden. Er basiert jedoch nicht ausschließlich auf Unternehmen mit Plattformcharakter, sondern beinhaltet auch andere Gesellschaften der digitalen Ökonomie.

Auch **Kryptowährungen** und die ihnen zugrunde liegende **Blockchain-Technologie** sind in der Welt der Aktien-Investments angekommen. So kann man z. B. in die Handelsplattformen Coinbase (USA) und Bitcoin Group (Deutschland), den kanadischen Miner Bitfarms, den Infrastrukturanbieter für Mining Rechenzentren Northern Data AG aus Frankfurt am Main oder die amerikanischen Chip- und Grafikkartenhersteller NVIDIA und AMD (entsprechende Grafikkarten sind zum Mining erforderlich) investieren. Einige dieser Aktien sind Nebenwerte mit einem relativ

---

18 Einen hervorragenden Überblick über ETFs bildet die deutschsprachige Webseite www.justetf.com, die auch den nachfolgenden Informationen zu ETFs zugrunde liegt.

19 Auch wenn beispielsweise Apple als Hardwarehersteller für Smartphones und Computer bekannt ist, werden signifikante Umsätze mit klassischem Plattformgeschäft generiert (z. B. iTunes-Store)

20 MSCI (Morgan Stanley Capital International) ist der Indexanbieter (MSCI ist börsennotiert und hat keine Kapitalverflechtung mit der namensgebenden amerikanischen Investmentbank mehr), ACWI steht für All Country World Index (bildet Aktien von 50 Ländern ab) und IMI für Investable Market Index.

geringen Umsatz und entsprechend zusätzlich risikobehaftet. Fonds des Anbieters Grayscale bilden beispielsweise die Wertentwicklung von einzelnen oder Körben von mehreren Kryptowährungen ab. Auch etablierte Anbieter wie Fidelity sind dabei, Kryptofonds aufzulegen.

Zwar gibt es durchaus schon auf Kryptowährungen basierende Indices, allerdings haben die Aufsichtsbehörden ETFs mit dieser Referenz lange die Genehmigung versagt. Erst 2024 haben die amerikanischen Börsenaufseher Einzel-ETFs die Zulassung gewährt. Seither kann man Bitcoin- oder Ethereum-ETFs erwerben. In der EU sind aufgrund der hier gültigen Regulierung Einzel-ETFs nicht zulässig, aber wer nicht über eine Kryptobörse direkt virtuelle Währungen erwerben möchte, kann die genannten Instrumente auch über internationale Banken beziehen.

Darüber hinaus öffnen sich immer mehr Unternehmen dem Thema. So akzeptiert Tesla z. B. Bitcoin als Zahlungsmittel für seine Autos und PayPal wickelt Zahlungen in Kryptowährungen ab. Auch globale Unternehmen der Informationstechnologie wie SAP oder IBM setzen sich intensiv mit der Blockchain auseinander und möchten von den Möglichkeiten dieser Technologie profitieren.

Schließlich ist auch der Trend zu **künstlicher Intelligenz** über Aktieninvestments abbildbar. Dazu zählen Standardwerte wie IBM (z. B. auf IBM Watson basierende Anwendungen), Apple (das Unternehmen hat in den letzten Jahren viele Anbieter künstlicher Intelligenz übernommen und bietet z. B. mit dem Assistenzangebot Siri eine der bekanntesten KI-Anwendungen), Zebra Technologies (bietet KI für Unternehmen zur Steigerung der Effizienz und Kundenzufriedenheit) oder Intuitive Surgical (ein Anbieter von minimalinvasiver Chirurgierobotik) sowie die oben bereits genannten und andere Chiphersteller. An Fonds und ETFs zu diesem Trend besteht kein Mangel. Bei Interesse an solchen Instrumenten informiert sich der Anleger am besten zunächst über normale Suchmaschinen oder finanzbezogene Internetseiten und vergleicht vor einer konkreten Auswahl Zusammensetzung und historische Wertentwicklung der Fonds bzw. ETFs.

Neben den genannten 4 Aspekten, die auch in den nächsten Abschnitten immer wieder aufgegriffen werden, gibt es natürlich eine Reihe von Trends, in die investiert werden kann. Hier kann jeder Anleger je nach Präferenz für sich individuell festlegen, welche Schwerpunkte das Portfolio haben sollte (z. B. ökologische Aspekte wie Windenergie, neue

Konzepte der Mobilität oder innovative Entwicklungen im Gesundheitsbereich).

2.5 Rendite und Risiko von Geldanlagen

Wie die goldenen Regeln schon verdeutlicht haben, besteht eine enge Verbindung zwischen Rendite und Risiko von Anlagen. Aber nicht alle Investoren sind gleich, d. h. sind bereit, das gleiche Risiko einzugehen. Wer also sein Geld sicher anlegen möchte, muss dementsprechend auf potenzielle Rendite verzichten. Aber das bedeutet im Gegenzug selbstverständlich nicht, dass eine höhere Rendite bei höherem Risiko garantiert ist. Zwar kann man mit riskanteren Anlagen potenziell höhere Renditen erzielen, aber es kann eben auch schiefgehen und der Anleger fährt einen Verlust ein. Je länger der Anlagehorizont ausfällt, umso eher kann man Schwankungen im Wert der Anlagen über die Zeit ausgleichen. Bei den nachfolgenden Betrachtungen soll es ja um langfristige Geldanlage gehen, insofern bietet sich für die Betrachtung mindestens eine 5–10-jährige Laufzeit an.

Um Rendite und Risiko der Geldanlagen, die über die im nächsten Kapitel dargestellten Internetplattformen vermittelt werden, einigermaßen in Bezug zueinander setzen zu können, muss vorab eine Einordnung von Rendite und Risiko erfolgen.

2.5.1 Vergleichsmaßstab für die Rendite

Die meisten Anleger verfolgen ein mehr oder weniger konkretes Ziel mit ihren finanziellen Investitionen – sei es die Erhöhung der durchschnittlichen monatlichen Rente um einen bestimmten Betrag, eine spezifische Anschaffung oder eine Reise. Ohne an dieser Stelle auf finanzmathematische Berechnungen eingehen zu wollen, ist aber sicherlich nachvollziehbar, dass zwischen dem angesparten Betrag und dem am Ende des Anlagehorizonts verfügbaren Vermögen der Zinssatz, zu dem das Geld angelegt wird, das entscheidende Bindeglied ist.

Je höher der Zinssatz oder die Rendite einer bestimmten Anlage ist, desto weniger muss man investieren oder desto mehr Vermögen ist am

Ende verfügbar. Aber welche Rendite wäre denn angemessen? An dieser Stelle bewegt man sich natürlich wieder innerhalb der Restriktionen des magischen Dreiecks der Geldanlage – die Rendite hängt eben auch vom Risiko und der Liquidität einer Anlageform ab.

In diesem Zusammenhang ist wichtig, sich den Unterschied zwischen der erwarteten und der realisierten Rendite klarzumachen. Die Renditeerwartung ist ein Konzept, das von heute in die Zukunft schaut (Erwartung). Da die Zukunft in den allermeisten Fällen doch eher unsicher ist, kann es sich bestenfalls um einen Schätzwert auf Basis der Historie und der Beurteilung des Risikos der Anlagemöglichkeit handeln. Die realisierte Rendite dagegen wird rückblickend ermittelt, wenn die Investition beendet ist (und das Risiko sich damit realisiert hat und für die Betrachtung nicht mehr relevant ist). Es ist damit sicherlich leicht nachvollziehbar, dass man zu Beginn einer Anlage oft eine andere (meist höhere) Rendite erwartet hat also die, die tatsächlich realisiert wurde.

Erwartete Renditen sind – außer in Phasen von Negativzinsen – immer positiv, während tatsächliche Renditen selbstverständlich auch ein negatives Vorzeichen annehmen können. Viele Finanzdienstleister (teilweise auch manche der im späteren Verlauf dieser Darstellung vorgestellten Plattformen) werben mit einer erwarteten Rendite einer Investition. Jedem Anleger muss klar sein, dass diese erwartete Rendite keinesfalls garantiert, sondern in der Regel hochgradig unsicher ist. Je höher die Renditeerwartung, desto mehr kann auch schiefgehen.

Unterschiedliche Finanzinstrumente gehen aufgrund ihres unterschiedlichen Risikogehalts auch mit verschiedenen Renditeerwartungen einher. Darstellung 4 verdeutlicht den Zusammenhang auf Basis der wesentlichen, auch in diesem Ratgeber besprochenen Instrumente.

Die Reihenfolge der in Darstellung 4 eingetragenen Finanzinstrumente und ihrer Renditen lässt sich leicht erklären:

- Auf Girokonten erhalten die Kunden in der Regel gar keine Verzinsung. In der Vergangenheit gab es in Phasen höherer Zinsen durchaus auch einmal bei Girokonten bei einzelnen Banken positive Zinssätze und in der Niedrigzinsphase sogar Verwahrentgelte, die Negativzinsen entsprachen. Der Standardfall ist jedoch, dass Girokontoguthaben keine Zinserträge abwerfen. Im Prinzip unterscheiden sich Girokonten nicht signifikant von Tagesgeldanlagen, da über das Geld jederzeit verfügt

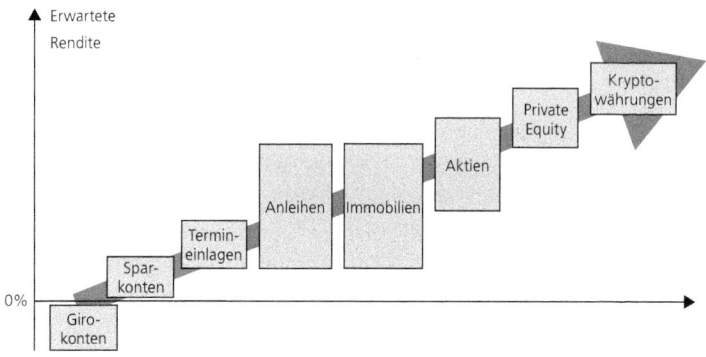

Dar. 4: Renditeerwartungen verschiedener Anlageklassen

werden kann. Auch einige Unternehmen, die Dienstleistungen im Zusammenhang mit Wertpapierdepots anbieten, führen für die Kunden Verrechnungskonten, die Girokonten entsprechen. Einige dieser Anbieter zahlen den Kunden positive Zinsen auf Guthaben. Für einen langfristigen Vermögensaufbau sind diese Instrumente ohnehin nicht geeignet, da man durch die extrem kurze Laufzeit und Sicherheit fast alle Renditemöglichkeiten hergibt. Damit man bei unvorhergesehenen Ereignissen zahlungsfähig bleibt, sollte aber jeder Anleger einen angemessenen Reservebetrag auf kurzfristigen Konten (oder als Bargeld) verfügbar halten.

• Spareinlagen sind trotz der Tatsache, dass sie viel zu niedrig verzinst werden, immer noch beliebt in der Bevölkerung. Der Spareckzins (das ist der Zins für die am häufigsten verwendete Version des Sparkontos mit 3-monatiger Kündigungsfrist) liegt seit 2013 unter 1 %. Mit einer Anlage auf einem Sparkonto wird also die Inflation nicht ausgeglichen, so dass Realvermögensverluste die Folge sind.

• Die auf Termingelder gezahlten Zinssätze unterscheiden sich sehr stark. Grundsätzlich hängen sie natürlich von der Laufzeit ab (normalerweise entspricht eine längere Laufzeit einem höheren Zinssatz), aber auch die Schwankungsbreite der Konditionen ist sehr stark. So kann es sein, dass eine Filialbank für eine 5-jährige Laufzeit 2 % Zinsen anbietet, während es alternative Angebote mit gleicher Laufzeit für den doppelten Zinssatz geben kann. Über Termingelder kann vor Ende der Anlagefrist nicht verfügt werden.

• Das Zinsspektrum bei Anleihen ist extrem hoch. Dies hängt insbesondere davon ab, wie lange die Laufzeit ist und wer der Schuldner des Wertpapiers ist. Bundesanleihen (Schulden der Bundesrepublik Deutschland) mit einer Laufzeit von 5 bis 10 Jahren hatten bis vor 2 Jahren sogar noch eine negative Rendite. Das bedeutet, dass man 100 € investiert und nach 10 Jahren nur 93 oder 94 € zurückbekommen hat, ohne dass in der Zwischenzeit Zinsen geflossen wären. Heute liegen die Renditen wieder über 2 % und damit sehr nah an der aktuellen Inflationsrate. Damit sind Schulden der Bundesrepublik Deutschland für einen langfristigen Vermögensaufbau denkbar ungeeignet. Die Renditen griechischer oder italienischer Staatsanleihen werfen dagegen zwar eine (erwartete) Rendite von 3,5 bis 4 % ab, aber ohne zukünftige Interventionen der EZB ist zu befürchten, dass man am Ende der Laufzeit Verluste einfährt, weil die Länder nicht mehr vollumfänglich in der Lage sein könnten, ihren Schuldendienst zu leisten. Darüber hinaus besteht natürlich noch die Möglichkeit, Anleihen zu erwerben, deren Schuldner Unternehmen sind. Anhand des Ratings der Unternehmen erkennt man das Risiko, dass die Schuld bei Fälligkeit nicht zurückgezahlt werden kann. Je besser das Rating ist, umso geringer ist üblicherweise der Zinssatz.

• Immobilien weisen oft eine höhere Rendite auf, diese hängt jedoch sehr stark von der Lage des Gebäudes ab. Hier müssen aber einerseits die hohen Nebenkosten des Erwerbs als auch Effekte wie Renovierungen, Zahlungsrückstände der Mieter, Leerstand etc. berücksichtigt werden, die die Mieterträge zum Teil konterkarieren. In guten städtischen Lagen konnte darüber hinaus in den letzten Jahren oft eine signifikante Wertsteigerung erzielt werden.

• Aktien können durchaus positive Renditen abwerfen, weisen aber ein höheres Risiko auf. Mit ca. 5 % Rendite für eine 10-jährige Laufzeit kommt aber in Summe doch ein signifikanter Zinseffekt zustande. Weiter unten wird erläutert, weshalb hier 5 % als Durchschnittsrendite angesetzt werden kann (häufig ist in der Literatur oder auf einschlägigen Webseiten von langfristigen Aktienrenditen von 8 bis 10 % die Rede, die sich jedoch auf meist deutlich längere Zeithorizonte beziehen). Selbst wenn die Kurse fallen, hat der Anleger bei einem aktienbasierten Investment durch die Dividenden zumindest einen gewissen Kompensationseffekt.

- Unter Private Equity versteht man die Beteiligung an Unternehmen, die (noch) nicht börsennotiert sind. Für die Anlage in diesem Bereich sind in der Regel hohe Volumina erforderlich, aber auch signifikante Renditen erzielbar.
- Wie schon dargestellt, eignen sich Kryptowährungen nicht für einen planvollen Vermögensaufbau. Zwar konnte man in der Vergangenheit enorm hohe Renditen erreichen, aber deren Erzielung hängt noch viel stärker als bei Aktien vom Timing von Kauf und Verkauf ab und fällt in den Bereich der Spekulation. Als Beimischung zu einem Anlageportfolio können Kryptowährungen taugen, aber als schwerpunktmäßige Geldanlage eignen sie sich keinesfalls. Da Kryptowährungen mittlerweile im ökonomischen Mainstream angekommen sind, ist sehr fraglich, ob weiterhin Renditen wie in den letzten Jahren möglich sind.

Bei allen angegebenen Finanzinstrumenten bezieht sich die Rendite auf Euro. In anderen Währungsräumen werden zwar unter Umständen höhere Renditen angeboten, diese werden aber zum einen durch die Inflation und zum anderen durch gegenläufige Wechselkursbewegungen üblicherweise wieder zunichte gemacht. Internationale Währungsindices oder auch Kryptowährungen werden in USD notiert, so dass hier – ebenso wie bei Gold[21] – zusätzlich ein Wechselkurseffekt berücksichtigt werden muss.

Über einen längeren Zeitraum ist sicherlich der Aktienmarkt und dessen Entwicklung ein vernünftiger Wertmaßstab. Wie stark die Renditen am Aktienmarkt jedoch schwanken, zeigt die Darstellung 5. Hier sind über einen Betrachtungszeitraum von 5 und 10 Jahren die Renditen des MSCI World, des am häufigsten referenzierten internationalen Börsenindex, abgetragen.[22] Dabei handelt es sich um sogenannte gleitende Durchschnitte,

---

21 Gold und andere Edelmetalle gelten als sicherer Hafen bei Turbulenzen an den Kapitalmärkten und Zeiten hoher Inflation. Da Gold knapp ist, aber keine Zinsen oder Dividenden abwirft, sollte eine Wertentwicklung in der Größenordnung der Inflationsrate realistisch sein. Aber auch hier kommt es zu erheblichen Schwankungen, die insgesamt sowohl positive als auch negative Auswirkungen auf die Rendite haben.

22 Es gibt mehrere MSCI-World-Indices: einen reinen Kursindex (ohne Berücksichtigung von Dividenden), einen Brutto-Index unter Berücksichtigung von Dividenden und einen Netto-Index, der auch die nationalen Quellensteuern auf Dividenden berücksichtigt. Die hier dargestellten Überlegungen basieren auf dem Brutto-Index. Dies ist insofern ein guter Vergleichsmaßstab, als dem

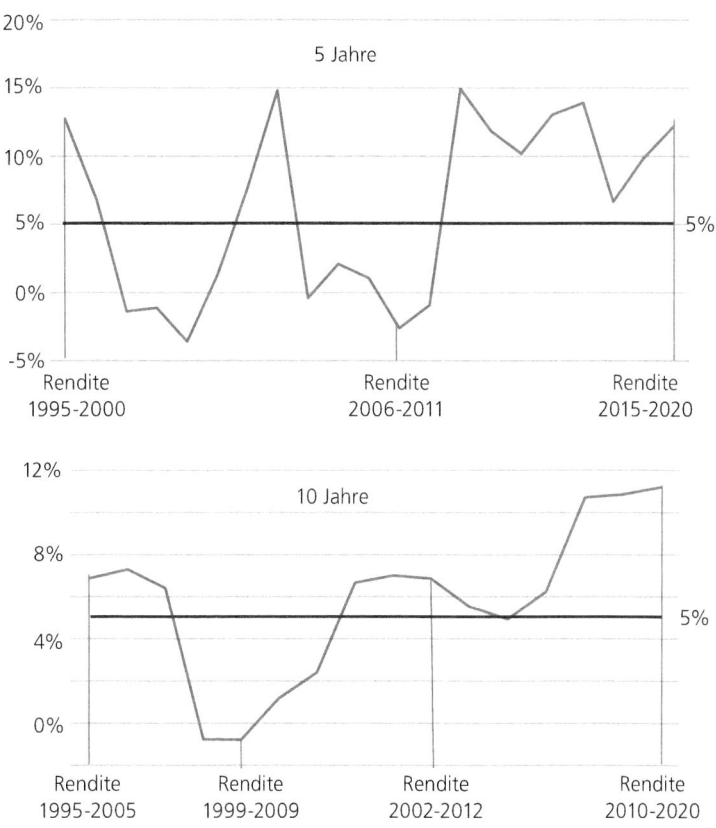

Dar. 5: MSCI World-Renditen, gleitende Durchschnitte (Quelle: Eigene Darstellung, Daten: Jahresultimo-Stand MSCI World Brutto-Index 1995–2020)

d. h. bei der Graphik mit 5-jähriger Perspektive ist der erste Datenpunkt die durchschnittliche Rendite des MSCI World zwischen 31.12.1995 und 31.12.2000. Der nächste Datenpunkt entspricht der Rendite zwischen 31.12.1996 und 31.12.2001.[23] Wie man leicht erkennen kann, sind die

---

Investor neben den Kursveränderungen auch noch regelmäßig Ausschüttungen der Unternehmen zufließen, die einen Teil der Gesamtrendite ausmachen.

23 Es fällt also bei der 2. Berechnung ein Datenpunkt heraus (der erste, also 1995) und es kommt ein neuer (also 2001) hinzu. Dadurch, dass immer 4 von 5 Werten gleich bleiben, glättet der gleitende Durchschnitt die Zeitreihe.

Schwankungen trotz des glättenden Effekts einer gleitenden Durchschnittsberechnung ausgesprochen groß und man sieht, dass es für die Erzielung einer adäquaten Rendite durchaus auch des richtigen Timings bedarf. Als halbwegs realistischer Vergleichsmaßstab für ein längerfristiges Investment, dessen exaktes Timing der Anleger aufgrund der ggf. erst über Zeit zufließenden finanziellen Mittel oder dem fixierten Ende des Anlagehorizonts nur sehr bedingt beeinflussen kann, bietet sich eine grobe Durchschnittsrendite für den MSCI World an. Über einen Zeitraum von 25 Jahren (31.12.1995 bis 31.12.2020) hat der Index eine durchschnittliche jährliche Rendite von gut 7 % generiert. Die entsprechenden Werte für kürzere Zeiträume wie in Darstellung 5 ersichtlich fallen etwas geringer aus, so dass man als Zielgröße für ein längerfristiges Investment vereinfacht von einer Rendite von 5 % ausgehen kann. Dieser Vergleichsmaßstab liegt auch den nachfolgenden Einschätzungen zugrunde.

2.5.2 Risiko der Anlagen

Auch wenn Anleger, die ihr Geld bei deutschen Banken angelegt haben, nur eine mäßige Verzinsung ihres Geldes erhalten, ist aber zumindest der Anlagebetrag über die verschiedenen Einlagensicherungseinrichtungen der deutschen Banken bis zu festgelegten Höchstgrenzen abgesichert.[24]

Plattformen, wie sie im nächsten Kapitel beschrieben werden, unterliegen üblicherweise aber nicht der Einlagensicherung, da sie nur vermittelnd tätig werden. In der Regel wird der investierte Betrag in einer rechtlich von der Plattform unabhängigen Gesellschaft angelegt, so dass bei einem Konkurs des Betreibers die Anlagesumme nicht zwangsläufig verloren ist. Da viele der dargestellten Plattformen ein Geschäft zwischen einem Privatanleger und einem Kapital suchenden Unternehmen (ggf. auch Privatperson) vermitteln, hängt die Rückzahlung des Geldes an der Bonität des Geschäftspartners und nicht an der Plattform.

Selbstverständlich kann der Wert der Vermögensgegenstände, die über die Plattform erworben wurden, schwanken und daraus können sich

---

24 Das Einlagensicherungssystem greift nur bei Einlagen bei Kreditinstituten. Das ist unter den im nächsten Kapitel dargestellten Anlageformen nur bei Termingeld der Fall, so dass die Funktionsweise der Einlagensicherung im Abschnitt 3.2 erläutert wird.

durchaus erhebliche Verluste ergeben. Das Risiko ist jedoch je nach zugrundeliegendem Investitionsschwerpunkt (Immobilien, Unternehmen, Wein oder Kunst) unterschiedlich zu bewerten und wird in den folgenden Abschnitten jeweils erläutert.

Im Prinzip handelt es sich um Investitionen, bei denen das Geld langfristig angelegt ist und in der Regel keine Kündigungsmöglichkeit aufweist, wie es bei einem länger laufenden Termingeld oder einem Sparbrief einer etablierten Bank ja auch der Fall ist.

Viele der nachfolgend beschriebenen Anlagemöglichkeiten sind illiquide und können anders als fungible Wertpapiere nicht jederzeit über eine Börse veräußert werden. Einige Plattformbetreiber bemühen sich aber seit längerem, Sekundärmärkte aufzubauen, über die Investoren Anteile kaufen oder verkaufen können. Damit besteht auch die Möglichkeit, sich von einem Investment vor Fälligkeit wieder zu trennen. Aber die Idee dieser Sekundärmärkte steckt in den allermeisten Marktsegmenten noch in den Kinderschuhen und es ist unklar, ob man überhaupt einen Abnehmer findet und zu welchem Preis dieser bereit wäre, die Anlage während der Laufzeit zu übernehmen. Man kann also keinesfalls sicher sein, eine Anlage vor Fälligkeit über einen von Plattformen aufgebauten und beworbenen Sekundärmarkt abgeben zu können, weil nicht immer genügend Kaufinteressenten vorhanden sind.

Da der Kunde die im folgenden Kapitel dargestellten Geschäfte nicht physisch – zum Beispiel in einer Bankfiliale – abschließt, sondern über das Internet, ist er Cyberrisiken ausgesetzt. So kann es zum Beispiel durch Hacking oder Phishing zum Diebstahl von Passwörtern oder der gesamten digitalen Identität einer Person kommen. Passiert das erst einmal, ist viel Mühe und Zeit erforderlich, um die daraus resultierenden Probleme zu beheben. Insofern ist dringend zu empfehlen, im Vorfeld jeglicher Transaktion Maßnahmen zu ergreifen, um diese Risiken zu minimieren. Vollkommen auszuschließen ist die Gefahr, dass kundenindividuelle Passwörter und Zugangscodes in die falschen Hände geraten, nicht.[25] Wessen IT-

---

25 Nicht immer erhalten Kriminelle Zugriff auf Passwörter und Zugangsdaten, weil der Kunde selbst einen Fehler begangen hat. Auch Datenlecks bei Unternehmen können die Ursache sein. Deswegen ist zu empfehlen, für alle Online-Geschäftsbeziehungen jeweils individuelle Passwörter zu vergeben und gelegentlich auch wieder zu ändern. Die Verwendung eines einzigen Standard-Passworts für alle digitalen Anwendungen ist eine Einladung zur Selbstbedienung für zwielichtige Gestalten.

Kenntnisse einen sicheren Umgang mit kritischen Daten nicht sicherstellen können, kann auch die Dienstleistung von Unternehmen in Anspruch nehmen, die auf die sichere Generierung und Speicherung von Passwörtern spezialisiert sind. Physische Passwortlisten sind ebenfalls eine Alternative, müssen aber vor Einbruch und Diebstahl geschützt werden und sollten nicht unbedingt frei zugänglich auf dem Schreibtisch aufbewahrt werden.

Ist das Kind erst einmal in den Brunnen gefallen und es wurde Geld vom Konto abgebucht oder Online-Käufe im Internet getätigt, die nicht vom Kunden initiiert wurden, ist dringend schnelles Handeln geboten. Eine Anzeige bei der Polizei (auch online) ist der zwingende erste Schritt. Weitere zwingend erforderliche Maßnahmen haben unter anderem die Verbraucherzentralen für betroffene Kunden zusammengestellt.

3 Anlagemöglichkeiten über Internet-Plattformen

3.1 Charakteristika von Anbietern digitaler Geldanlage

3.1.1 Die Entwicklung des Marktes

Deutschland ist kein Land, in dem eine ausgeprägte Aktienkultur vorherrscht. Im Jahr 2022 besaßen laut Deutschem Aktieninstitut nur knapp 13 Millionen Bundesbürger Aktien oder entsprechende Fonds bzw. ETFs – das ist gerade mal jeder fünfte Erwachsene (voll geschäftsfähige Volljährige). Dabei sollte mittlerweile bekannt sein, dass Aktienanlagen eine im langjährigen Durchschnitt deutlich bessere Rendite erzielen als traditionelle Vermögensanlagen wie Festgeld oder Sparbriefe. Aber insbesondere durch die fehlgeschlagene Kampagne, die Telekom-Aktie zur Volksaktie zu machen, das Platzen der Dotcom-Blase im Jahr 2000 und die globale Finanzkrise 2007/2008 mit erheblichen Einbrüchen der weltweiten Börsen haben sich viele Anleger von der Aktienanlage ferngehalten. Erst in den letzten Jahren hat die Bedeutung der Aktie für die Geldanlage wieder zugenommen, aber es bleibt abzuwarten, ob dies ein nachhaltiger Trend sein wird oder sich die Tendenz bei der nächsten Baisse wieder umkehrt. Der Anstieg der Anzahl der Aktionäre ist u. a. darauf zurückzuführen, dass man mit dem Smartphone einfach per App, also überall und jederzeit an der Entwicklung der Börsen partizipieren kann, wodurch vor allem Jüngere angezogen werden, denen aber in der Regel (noch) eher geringe Beträge zur Verfügung stehen.

Da die Aktie als Vehikel der Vermögensanlage (und Altersvorsorge) in vielen Portfolios nicht vorkam, haben Kunden ihr Geld in verzinslichen Wertpapieren oder Bankprodukten angelegt. Seitdem fast auf dem gesamten Globus die Notenbanken eine Politik der niedrigen Zinsen umgesetzt hatten, sind die Erträge aus solchen Anlagen sehr gering geworden, teilweise sogar auf null gesunken. Vor allem neu gegründete Unternehmen erkannten die Marktchancen und haben damit begonnen, alternative Investmentformen oder Vehikel für Privatanleger anzubieten.

In den letzten Jahren ist eine Tendenz zur Plattformökonomie entstanden, bei der die erfolgreichsten und wertvollsten Firmen der Welt eine Mittlerstellung zwischen Käufer und Verkäufer einnehmen. Alle großen Internetunternehmen der Welt wie Apple, Google, Facebook, Amazon, aber auch die chinesischen Vertreter Alibaba und Tencent sind Plattformen. Bei einem solchen globalen Trend liegt es nahe, auch die Geldanlage über Plattformen abzuwickeln. Dabei gibt es zwei unterschiedliche Geschäftsmodelle, wovon das zweite die eigentliche digitale Revolution darstellt:

• Plattformen, die in traditionellen Feldern des Bankgeschäfts aktiv sind und ihren Nutzen dadurch generieren, dass sie bei bekannten Produkten einen guten und schnellen Marktüberblick ermöglichen, sodass der Anleger die für ihn passenden Anlageformen finden und abschließen kann. Beispielhaft sei hier die Vermittlung von Festgeld über Internetportale (▶ Kap. 3.2) genannt.

• Plattformen, die Kunden die Möglichkeit geben, in Anlageobjekte zu investieren, die für Otto Normalanleger bisher aufgrund der erforderlichen Mindestanlagesummen oder der Intransparenz der Märkte nicht zugänglich waren. Vermögensverwaltung, Private Equity und Investitionen in Start-ups, Wein und Kunstgegenstände standen bis vor ein paar Jahren nur einer kleinen Zahl von sehr reichen Anlegern offen, die eine Vermögensposition von mehreren Millionen € aufweisen können.

Henry Ford prägte zu Beginn des 20. Jahrhunderts den Slogan »Democratize the automobile«, worunter er verstand, dass Kraftfahrzeuge zu einem so niedrigen Preis verkauft werden müssen, dass sich breite Bevölkerungsschichten eines leisten können.[26] Ebensolche Tendenzen finden sich heute

---

26 So hat das erste Model T von Ford im Jahr 1908 noch 850 USD gekostet, ein damals erkleckliches Sümmchen. Durch die Einführung des Fließbands fiel der Preis auf 300 USD, sodass sich sogar Fabrikarbeiter, die an der Produktion des T-Modells beteiligt waren, ein Auto leisten konnten. Inflationsbereinigt entsprechen die 300 USD aus dem Jahr 1908 ca. 8.000 USD heute.

im Bereich der (digitalen) Geldanlage, da Investoren in den Genuss von Angeboten kommen, die ihnen vor wenigen Jahren noch nicht zugänglich waren.

Viele der Anlagevehikel in diesem Abschnitt sind erst in den letzten Jahren entstanden. Vertrauen braucht aber Jahre, bis es aufgebaut ist. Daher sind sicherlich nicht wenige Anleger skeptisch bezüglich der Zuverlässigkeit und vor allem der nachhaltigen und erfolgreichen Existenz der Anbieter. Es kommen also Fragen auf, wie:

- Wie funktioniert die Geldanlage über solche Plattformen? Stehen die Plattformen bei Fragen zur Verfügung? (▶ Kap. 3.1.2)
- Welche Renditen kann ich mit solchen Angeboten erzielen? (▶ Kap. 3.1.3)
- Sind die im Hinblick auf das Anlagerisiko seriös? Wer steckt hinter diesen Angeboten? Wenn die Pleite gehen, ist dann mein Geld verloren? (▶ Kap. 3.1.4)

Fast alle in diesem dritten Kapitel behandelten Unternehmen sind Plattformen. Sie vermitteln zwischen den eigentlichen Anbietern der Leistung und dem Kunden. Viele sind erst wenige Jahre alt und befinden sich noch in der Wachstumsphase. Aufgrund der zu Beginn der Tätigkeiten erforderlichen Investitionen in Technik und Personal haben die meisten die Gewinnschwelle noch nicht erreicht. Finanziert werden sie vorwiegend von institutionellen Kapitalgebern wie Venture-Capital-Fonds, die an die Zukunftsfähigkeit des jeweiligen Geschäftsmodells glauben.

3.1.2 Customer Journey (Die Kundenreise)

Zwar behauptet praktisch jedes Unternehmen seit jeher, den Kunden im Mittelpunkt seiner Aktivitäten zu sehen und dementsprechend eine hohe Kundenzufriedenheit anzustreben, aber seit einigen Jahren ist eine vollständige Betrachtung des Kunden und seiner Bedürfnisse tatsächlich verstärkt in den Fokus gerückt. Den Kunden soll eine angenehme Nutzererfahrung geboten werden, woraus eine langfristige und für beide Parteien sinnvolle Beziehung entstehen soll.

Im Marketing-Jargon ist hier oft von der Customer Journey oder Kundenreise die Rede, worunter die Schritte zu verstehen sind, bis sich ein

Kunde für ein Produkt entscheidet. Allerdings sollte beim Kauf eines Produktes oder einer Dienstleistung nicht Schluss sein mit der Kundenorientierung und auch die nachgelagerten Betreuungsprozesse sollten nicht vernachlässigt werden. Der Kunde muss vollumfänglich betreut werden. Die Digitalisierung ermöglicht dies, ohne dass eine persönliche 1:1-Beziehung zwischen dem Anlageberater einer Bank und dem Kunden existieren muss. Mit den vorhandenen Ressourcen können durch den hohen Automatisierungsgrad viele Prozessschritte vollständig digital ablaufen, sodass gegenüber traditionellen Anbietern Kostenvorteile entstehen. Diese sind darauf zurückzuführen, dass bei Banken und ähnlichen Anbietern von Geldanlageprodukten für die Interaktion mit dem Kunden Personal und Räumlichkeiten vorgehalten werden müssen (für die Legitimationsprüfung und die Eingabe der persönlichen Daten des Kunden bis zu individuellen Beratungsterminen), während die gesamte Abwicklung bei Internet-Plattformen über elektronische Medien erfolgt und eine persönliche Interaktion gar nicht erforderlich ist. Dabei werden wesentliche Teile der kostenintensiven Administration von Neukunden an diese selbst ausgelagert. So trägt bei einer Bank üblicherweise der Bankmitarbeiter die Adresse des Kunden ins System ein, bei einem digitalen Angebot übernimmt dies der Kunde selbst. Außerdem werden einzelne Arbeitsschritte (wie z. B. die nachfolgend genauer beschriebene Legitimation des Kunden) an externe Anbieter ausgelagert, die durch die Spezialisierung auf einen bestimmten Prozessschritt ebenfalls erheblich kostengünstiger sind als etablierte Unternehmen.

Um sich die Vorgehensweise von Unternehmen und Plattformen bei der Umsetzung einer hohen Kundenzufriedenheit klarzumachen, zeigt die nachfolgende Darstellung 6 eine visuelle Wegbeschreibung des Kunden (die »Kundenreise«) mit allen Kontaktpunkten mit der Plattform.

Die Darstellung der Kundenreise reicht dabei nicht nur vom ersten Berührungspunkt mit dem Unternehmen oder Produkt bis zum Kauf des Produktes, sondern weit darüber hinaus. Durch diese vollumfängliche Betrachtung generiert die Plattform ein besseres Verständnis eventueller Probleme, die dem Kunden bei der Interaktion entstehen können. Diese können dann rechtzeitig – idealerweise bevor der Kunde sie überhaupt bemerkt – ausgeräumt werden.

Durch eine konstante Verbesserung dieser Kontaktpunkte (hinsichtlich Geschwindigkeit, Gestaltung, Nutzerfreundlichkeit etc.) wird versucht, die

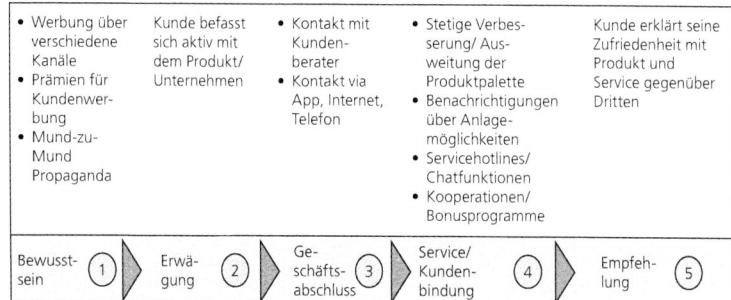

Werbung über verschiedene Kanäle • Prämien für Kundenwerbung • Mund-zu-Mund Propaganda	Kunde befasst sich aktiv mit dem Produkt/ Unternehmen	• Kontakt mit Kunden-berater • Kontakt via App, Internet, Telefon	• Stetige Verbes-serung/ Aus-weitung der Produktpalette • Benachrichtigungen über Anlage-möglichkeiten • Servicehotlines/ Chatfunktionen • Kooperationen/ Bonusprogramme	Kunde erklärt seine Zufriedenheit mit Produkt und Service gegenüber Dritten
Bewusst-sein ①	Erwä-gung ②	Ge-schäfts-abschluss ③	Service/ Kunden-bindung ④	Empfeh-lung ⑤

Dar. 6: Kundenreise auf digitalen Plattformen mit 5 Kontaktpunkten

Kundenzufriedenheit zu erhöhen und somit auch deren Loyalität und Bindung an die Plattform zu steigern. Der hohe Automatisierungs- und Digitalisierungsgrad macht es zudem möglich, individueller auf die Bedürfnisse des Kunden einzugehen und die Bearbeitung der Anfragen zu beschleunigen, ohne dabei die Kundenberatungskosten des traditionellen Finanzsystems tragen zu müssen.

Kontaktpunkt 1: Bewusstsein für das Angebot schaffen

Der erste Kontakt zwischen Kunde und Plattform besteht darin, dass dem Kunden das Produkt bewusst wird. Häufig entwickelt sich das Bewusstsein über einen längeren Zeitraum, entsteht aber nur, wenn bereits ein grundsätzliches Interesse für den Sachverhalt vorliegt. Wer keine Kinder und Enkelkinder hat, wird die Vielzahl der Kontaktpunkte zu Windelangeboten in Funk, Fernsehen und anderen Kanälen kaum wahrnehmen. Genauso verhält es sich auch mit der Geldanlage. Nur wenn jemand mit der bisherigen Geldanlage unzufrieden ist, ist er überhaupt offen für die Informationen, die einem ein spezifisches Angebot erst bewusst machen.

Die Erkenntnis des Kunden bezüglich der Plattform kann über verschiedene Kanäle geschaffen werden. Dazu gehören u. a. Werbung in Radio, Fernsehen und Zeitungen, aber auch die eigene Recherche eines am Themengebiet interessierten Kunden. Auch bereits bestehende Kunden können zum Bewusstsein des Angebots potenzieller Neukunden beitragen. Dies kann beispielsweise über Prämien für die Kundenwerbung geschehen. Daneben können Kunden aber auch über nicht direkt vom

61

Unternehmen zu beeinflussende Mund-zu-Mund Propaganda angesprochen werden.

Kontaktpunkt 2: Erwägung des Angebotes

Daran anschließend erwägt der Kunde, ob er Interesse an dem Produkt hat und greift dafür möglicherweise auf die Internetseite oder andere Informationsquellen der Plattform zurück, um einen genaueren Eindruck zu erlangen. Hier ist im Gegensatz zu Kontaktpunkt 1 eine Aktivität des potenziellen Kunden vorausgesetzt. Dieser beruft sich meist nicht ausschließlich auf vom Unternehmen publizierte Informationen, sondern bezieht auch Testberichte, Rezensionen oder Blogbeiträge mit in die Erwägung ein. Bei traditionellen Finanzanlagen ist es meist erforderlich, ein persönliches Gespräch mit einem Kundenberater zu vereinbaren, um nähere Informationen zu erhalten. Die Informationen dienen zur Steigerung der Wahrscheinlichkeit eines Geschäftsabschlusses.

Kontaktpunkt 3: Abschluss des Geschäfts inklusive Verifizierungprozess und Hintergrundchecks

Grundlage einer neuen Kundenverbindung im Rahmen der Geldanlage ist ein abzuschließendes Anlagekonto. Im Rahmen der Kontoeröffnung kommt es zum nächsten Kontakt mit der Plattform. Dabei muss der Kunde seine persönlichen Daten wie beispielsweise Name, Geburtsdatum, etc. angeben und üblicherweise selbst eintragen. Da die Geschäftsbeziehungen zwischen Plattform und Kunde auf rein digitalen Kanälen ohne persönlichen Kontakt beruht, müssen im Rahmen der Identifikation und Authentifizierung[27] besonders die Risiken der Geldwäsche, Steuerhinterziehung und anderen Missbrauchs vermieden werden.[28] Dieser Prozess-

---

27 Man unterscheidet zwischen der Identifikation (die Feststellung der Identität einer Person, z. B. durch den Personalausweis) und der Authentifizierung (dem Nachweis der Identität eines Nutzers eines Systems, z. B. durch Zugangsdaten wie Passwörter oder Fingerabdruck-Scans). Identifikation ist einmal zu Beginn der Kundenverbindung erforderlich, die Authentifizierung bei jeder Transaktion.

28 Die entsprechenden Anforderungen werden unter dem Stichwort KYC (Know-Your-Customer, d. h. kenne Deinen Kunden) zusammengefasst und umfassen

schritt wird selten von der Plattform selbst durchgeführt, sondern an spezialisierte Anbieter wie ID Now oder Web ID ausgelagert, die den Plattformen die vollständig digitale Identifikation des Kunden ermöglichen.

War es bis vor einigen Jahren noch notwendig, zur Eröffnung eines Kontos entweder physisch in der Bankfiliale vorbeizukommen, um die Identifikation vorzunehmen oder aber eine Postfiliale im Rahmen des Post Ident Verfahrens aufzusuchen, kann seit März 2014 auch eine Fernidentifikation erfolgen. Dazu muss der potenzielle Kunde ein unversehrtes Ausweisdokument mit all seinen Sicherheitsmerkmalen und sein eigenes Gesicht über eine Onlineverbindung einem geschulten Mitarbeiter zeigen. Es wird kontrolliert,

- ob alle Sicherheitsmerkmale des Ausweisdokuments vorliegen,
- ob die Daten, die eingegeben wurden, mit denen des Ausweises übereinstimmen,
- ob das Ausweisfoto mit der Person identisch ist bzw. sein kann, die vor der Videokamera sitzt und sich identifizieren möchte.

Bei den meisten Anbietern muss der Kunde sich dazu eine App auf sein Mobiltelefon laden, über welche die Identifikation vorgenommen wird. Die Durchführung der Legitimationsprüfung unterliegt hohen Sicherheits- und Qualitätsanforderungen, die von der deutschen Finanzdienstleistungsaufsicht vorgeschrieben sind. Die Vorgaben sind sehr klar und detailliert. Die Mitarbeiter haben keinen Ermessensspielraum und müssen beim geringsten Zweifel die Identifikation ablehnen. Ebenso werden die Daten sehr vertraulich behandelt und nur verschlüsselt an das Partnerunternehmen, bei dem der Kunde sein Konto eröffnen will, weitergegeben. Aus diesem Grund müssen keine Bedenken bezüglich der Datensicherheit aufkommen.

Inzwischen wird dazu übergegangen, den digitalen Personalausweis in Verbindung mit einem Passwort zu verwenden. Dadurch wird der Vorgang beschleunigt und es ist kein persönliches oder virtuelles Gespräch

---

alle Aktivitäten der Finanzdienstleistungsanbieter, ihre Kunden zu identifizieren und zu authentifizieren, um missbräuchliche Transaktionen und Kriminalität zu verhindern.

mehr nötig. Weiterhin entfällt durch dieses Verfahren die Notwendigkeit, sich vor einer anderen Person zu identifizieren, wodurch die Datensicherheit weiter zunehmen kann. Allerdings nutzen kaum mehr als 10 % der Deutschen diese eID-Funktion ihres Personalausweises.

Neben der Identität muss sich die Plattform gemäß Geldwäschegesetz auch ein umfangreiches Bild über die finanziellen und beruflichen Verhältnisse des potenziellen Kunden machen und somit auch die Herkunft der Vermögenswerte klären. Damit soll sichergestellt werden, dass das verwendete Kapital nicht aus Straftaten o. Ä. stammt. Die meisten dieser Prozesse laufen im Hintergrund ohne Einbeziehung des Kunden ab und werden kontinuierlich fortgeführt. Dabei gibt es grundsätzlich keine Unterschiede zu den Prozessen bei traditionellen Finanzdienstleistern.

Sobald alle Sorgfaltspflichten der Plattform erfüllt sind, kann der Kunde via Smartphone-App oder über Computer und Internet auf die Dienstleistungen der Plattform zugreifen. Bei den meisten Anbietern kann umgehend mit dem Investieren begonnen werden, während der Kontoeröffnungsprozess bei anderen Plattformen einige Stunden bis zu wenigen Tagen in Anspruch nehmen kann.

Um bei den neuen digitalen Finanzdienstleistern ein Konto eröffnen zu können, ist es notwendig, eine Internetverbindung zu besitzen. Zur Registrierung ist weiterhin, wie bereits beschrieben, eine Videoidentifikation notwendig, weshalb der Nutzer zusätzlich eine Kamera an Computer oder Smartphone benötigt. Da die meisten Plattformen über eine Smartphone App sowie über eine Internetseite angesteuert werden können, benötigt man nicht zwangsläufig sowohl ein Smartphone als auch einen Computer, eine der beiden Technologien ist jedoch erforderlich. Darüber hinaus ist keine Soft- oder Hardware für Registrierung und Nutzung der Finanzdienstleistung erforderlich, wie dies im traditionellen Bankgeschäft z. B. mit Geräten zur Generierung von TAN erforderlich ist oder war.

Kontaktpunkt 4: Stetiger Ausbau des Services zur Verbesserung der Kundenbindung

Die Online-Plattformen investieren sehr viel Geld in den Ausbau ihrer Dienstleistung. Damit wandeln sich viele Plattformen von einem einfachen Investmentvehikel mit wenigen Möglichkeiten zu großen Anbietern mit einer breiten und tiefen Produktpalette. Während zu Beginn meist nur ein sehr einfaches Produkt angeboten wird, wird dieses im Zeitablauf um diverse Zusatzleistungen ergänzt. Diese Entwicklung basiert auf der einfach nachvollziehbaren Überlegung, dass eine Steigerung von (positiv wahrgenommenen) Kontakten mit den Kunden auch den Umsatz fördert, den diese Kunden über die Plattform generieren. Dabei führt selbstverständlich nicht jeder Kontakt direkt zu einem Geschäftsabschluss, aber dadurch, dass sich die Plattform immer wieder beim Kunden in Erinnerung bringt, steigt die Wahrscheinlichkeit dafür an.

Nach der Registrierung beginnen die für den Kunden interessanten Kontaktpunkte, die allesamt digital erfolgen, also über App, Mail etc. Dabei lassen sich Interaktionen bezüglich der Administration des Kundenkontos sowie des eigentlichen Investments unterscheiden. Administrative Kontaktpunkte können dabei Adressänderungen, Antworten auf Reklamationen und Nachfragen, Kontoauszüge oder Steuerbescheinigungen sein. Investmentbezogene Kontaktpunkte umfassen vor allem Bestätigungen über Kauf und Verkauf von Vermögensgegenständen, aber auch Informationen über besondere Ereignisse (bei Aktien beispielsweise Hauptversammlungen, Aktiensplits oder Kapitalerhöhungen) und potenziell interessante Investments.[29] Grundsätzlich entstehen daher deutlich mehr Kontaktpunkte als bei etablierten Banken.

Im Rahmen ihrer Weiterentwicklung zu vollständigen Plattformen werden zunehmend neben dem eigentlichen Investment auch Beratungen durch Mitarbeiter oder Chatbots (also Roboter bzw. Avatare, die einen Mitarbeiter simulieren), Informationen durch Videos (bspw. bei Youtube), eine Hinterlegung des Freistellungsauftrags sowie eine Unterstützung bei komplexeren Steuerregelungen, z. B. bei Private-Equity-Investments, angeboten.

Gerade zu Beginn der geschäftlichen Aktivitäten und in Phasen starken Wachstums einer Plattform kann es durchaus zu Problemen bei der adäquaten und zügigen Beantwortung von Kundenanfragen und Reklamationen kommen. Die Unternehmen starten mit einem einfachen Produkt und einem sehr standardisierten Prozess und haben häufig wenig personelle Kapazitäten, um Sachverhalte zu bedienen, die etwas abseits des Üblichen liegen. So ist von verschiedenen Internetanbietern, z. B. der

---

29 Darunter können neben personalisierten Investmentempfehlungen auch Informationen zu bevorstehenden Börsengängen gehören.

Bank N26, berichtet worden, dass Kundenanfragen über Wochen nicht beantwortet wurden und Probleme ungelöst blieben. Das führt dann natürlich zu Unzufriedenheit und zum Verlust von Kunden. Einigermaßen eingespielte Prozesse und die Möglichkeit, bei Rückfragen jemanden im Unternehmen erreichen zu können, der sich des Problems annimmt, sollten eigentlich Selbstverständlichkeiten darstellen. Gerade bei sehr jungen Unternehmen besteht hier jedoch häufig noch erheblicher Nachholbedarf, da Zeit und Geld in der Aufbauphase vor allem in die Entwicklung von Produkten und den Vertrieb gesteckt werden.

Prinzipiell unterscheidet sich die Vorgehensweise von solchen Plattformen, die Investitionen in spezifische individuelle Vermögensgegenstände (z. B. Immobilien, Kunstgegenstände etc.) zur Verfügung stellen von denen, die wertpapierbasierte Anlagen anbieten. Viele Nischenplattformen, die z. B. aufgrund von eher ungewöhnlichen Anlageformen oder relativ hohen Mindestanlagevolumina eher eine geringe Kundenanzahl aufzuweisen haben, ergänzen ihr Digitalangebot bewusst um einen persönlichen Kontakt zu einem Kundenberater, der bei Fragen als Ansprechpartner zur Verfügung steht.

Kunden, die bereits erste Investments über eine Plattform abgeschlossen haben, erhalten meist vorab Informationen über neue Projekte (meistens im Bereich der Realinvestitionen wie z. B. Immobilien), die einem ermöglichen, frühzeitig in ggf. schnell gezeichnete Projekte zu investieren. Allerdings wird dadurch auch ein Druck aufgebaut, etwas zu verpassen.

Die Plattformen arbeiten stetig daran, die Kundenerfahrung zu optimieren und gehen dafür immer häufiger Kooperationen mit verschiedenen Finanzdienstleistern oder anderen Unternehmen ein. Hierbei sollte zwischen Kooperationen, welche direkt mit dem Geschäft des Unternehmens in Verbindung stehen, (wie beispielsweise die Kooperation zwischen Scalable Capital und der ING Bank) und Kooperationen, welche dem Kunden außerhalb des eigentlichen Geschäfts einen Mehrwert bieten sollen (wie beispielsweise zwischen Exporo und Miles & More), unterschieden werden. Während bei Letzterer eine Zusatzleistung zum eigentlichen Produkt geliefert wird, nämlich »Meilen sammeln«, um vergünstigt zu fliegen oder Produkte zu erwerben, liegt der Fokus der Zusammenarbeit von Scalable Capital und der niederländischen Bank ING auf der Steigerung des Absatzes der Kernprodukte durch verbesserten Zugang zu Kunden.

Die Plattformen zeigen auch im Vergleich zu etablierten Finanzdienstleistern einen deutlich verstärkten Social-Media-Auftritt. Dabei bieten Plattformen u. a. auf Instagram Infografiken, Anleitungen und Begriffsdefinitionen. Außerdem werden verschiedene Podcasts bezüglich Börsennews von Anlageplattformen gesponsert, um einerseits deren Bekanntheit zu erhöhen und andererseits den Kunden über aktuelles Börsengeschehen zu informieren und dadurch ggf. auch zum Handeln zu animieren. Durch diese inzwischen umfassenderen Serviceleistungen wird auch die Geschäftsbeziehung zwischen Kunde und Plattform persönlicher wahrgenommen und nicht mehr lediglich als Interaktion mit einer anonymen Internetplattform angesehen.

Kontaktpunkt 5: Weiterempfehlung durch zufriedene Kunden

Ist der Kunde mit dem Produkt oder der Dienstleistung zufrieden, kommt es im Optimalfall dazu, dass der Kunde das Produkt, ohne daraus für sich einen Nutzen zu generieren, an Dritte weiterempfiehlt. Diese Empfehlungen sind für die oftmals jungen Plattformen sehr wichtig, da sie sich noch im Wachstum befinden. Die Plattformen bieten aber auch regelmäßig sogenannte »Freunde werben«-Aktionen an, in denen sie dem Kunden und dem potenziellen Neumitglied ein gewisses Startguthaben zur Verfügung stellen. Aber auch diese Empfehlungen sind ohne eine ausreichende Zufriedenheit des Kunden mit dem Service nicht denkbar. Aus diesem Grunde sind die Plattformen bestrebt, ihre Kundenerfahrungen immer weiter zu verbessern. Das gelingt natürlich umso besser, je mehr Kontaktpunkte entstehen.

3.1.3 Das Renditespektrum

Die Renditen von Anlagen hängen von der Laufzeit und dem eingegangenen Risiko ab. Es finden sich bei der digitalen Geldanlage über Internetplattformen relativ niedrige Renditen, z. B. bei Termingeldern (die jedoch in der Regel höher sind als die Konditionen einheimischer Filialbanken), aber auch zu erwartende zweistellige Jahresrenditen. Dabei muss jedem Investor klar sein, dass eine angegebene zukünftige Rendite bei risikobehafteten Anlagen bestenfalls ein Schätzwert sein kann, der meist auf

Vergangenheitsentwicklungen beruht und der keinesfalls für die Zukunft garantiert werden kann (▶ Kap. 2.5.1). Nicht immer ist die angegebene Rendite nur als Orientierungswert erkennbar, aber dem Anleger muss bewusst sein, dass niemand über eine Kristallkugel verfügt, in der er die Entwicklung bestimmter Märkte (Immobilienmarkt, Aktienmarkt, politische Rahmenbedingungen etc.) vorhersehen kann. Selbstverständlich ist aber eine Abweichung von der angegebenen erwarteten Rendite nicht nur nach unten, sondern auch nach oben möglich. Es ist aber anzunehmen, dass das der seltenere Fall ist.

Eine detaillierte Einschätzung realistischer Renditemöglichkeiten findet sich nachfolgend bei der Darstellung der verschiedenen Anlagevarianten.

3.1.4 Risiko digitaler Geldanlagen

Die relevanten Risiken teilen sich in zwei Teilaspekte auf:

- das Risiko, dass die getätigte Geldanlage an Wert verliert. Dies ist bei allen Produkten, die über Märkte gehandelt werden wie z. B. Aktien, Kryptowährungen, festverzinslichen Wertpapieren etc. der Fall. Auch Realwerte wie Immobilien, Kunstgegenstände, Wein, Uhren, Oldtimer etc. unterliegen Wertschwankungen, aber man kann diese nicht in Echtzeit verfolgen. Termineinlagen beispielsweise unterliegen dagegen keinen Wertschwankungen.
- das Risiko, dass Ihr direkter Geschäftspartner, in der Regel die Plattform, über die Sie ihre Geldanlage getätigt haben, in wirtschaftliche Schwierigkeiten gerät und ggf. insolvent wird.

Die Bedeutung des Risikos im ersten Fall hängt sehr stark von den zugrunde liegenden Finanzinstrumenten ab und wird in jedem der nachfolgenden Abschnitte separat erläutert. Das Risiko, an einen wirtschaftlich schwachen Anbieter zu geraten, ist in den allermeisten Fällen unproblematisch, da die Plattformen die Geldanlage nur vermitteln und insofern keinen Zugriff auf die Werte haben. Selbst bei Insolvenz der Plattform bleiben vermittelte Festgelder, Depots oder alternative Geldanlagen in der Regel bestehen. Es ist im Vorfeld einer Investition sinnvoll zu prüfen, ob die Anlagen in sogenannten Sondervermögen organisiert sind, sodass die Vermögenswerte nicht in die eventuelle Insolvenzmasse einer Plattform fallen.

In der Regel lässt sich festhalten, dass solange die Plattform lediglich als Vermittler oder Verwalter des Wertpapierdepots auftritt, dieses auch dem Eigentum des Anlegers zuzuordnen ist und somit nicht in die Insolvenzmasse fällt. Wie weiter oben bereits erwähnt, arbeiten vor allem Online-Broker mit externen Finanzinstituten zusammen, welche das Anlagekonto führen (bei Scalable und Exporo ist das z. B. die Baader Bank). Die Guthaben auf diesen Anlagekonten unterliegen bis zu einem Betrag von 100.000 € der Einlagensicherung.[30] Online-Broker übernehmen dann lediglich die Depotverwaltung. Beide involvierten Institute werden dabei von der BaFin beaufsichtigt, weshalb der Schutz der Wertpapiere genau wie bei einer regulären Depotbank besteht.

Aus den genannten Gründen entsteht also in der Regel kein echtes Kontrahentenrisiko[31] gegenüber der Plattform, sondern lediglich das Risiko der Wertschwankung der Geldanlage.

Allerdings besteht immer auch die Gefahr, in diesem Markt, der von vielen sehr jungen Unternehmen dominiert wird, Opfer von Betrug zu werden. Wenn dies der Fall ist, ist das angelegte Geld meistens unwiederbringlich verloren.

Zwar gibt es einige Anzeichen für unseriöse Anbieter, wie z. B. unrealistisch hohe Renditeversprechen, ein fehlendes Impressum auf der Webseite, ein Unternehmenssitz in einer dubiosen Location oder häufiger wechselnde Unternehmensnamen in der Vergangenheit, aber keinesfalls sollte man sich auf die Informationen der jeweiligen Internetseite der Plattform verlassen. So kann man zum einen selbst überprüfen, ob eine angegebene Lizenz der Bundesanstalt für Finanzdienstleistungsaufsicht (BaFin) vorliegt (es gibt eine Datenbank mit allen lizenzierten Unternehmen) oder ob die Handelsregisternummer existiert bzw. stimmt (Abfragen des Handelsregisters können ebenfalls online erfolgen), zum anderen aber kann man sich die Erfahrungen von anderen zunutze machen. In vielen Foren findet man zum Teil sehr umfangreiche Einschätzungen von Kunden der jeweiligen Plattform. Allerdings ist auch dann Vorsicht geboten, wenn diese Bewertungen ausschließlich positiv und überschwänglich ausfallen, da hier eine betrügerische Absicht nicht auszuschließen ist.

---

30 Die Einlagensicherung bezieht sich nur auf Privatinvestoren.
31 Das Kontrahentenrisiko bezeichnet das Risiko, dass der Vertragspartner (Kontrahent) ausfällt und dem Anleger somit ein finanzieller Schaden entsteht.

Eine Vielzahl von (Online-)Publikationen der Stiftung Warentest analysieren aus Verbrauchersicht regelmäßig die verschiedenen Vehikel der Geldanlage und bieten mit Listen unseriöser Anbieter eine hervorragende Informationsquelle.

3.1.5 Die Angebotspalette

Praktisch alle Formen der Geldanlage, die man von seiner Bank kennt, sind auch über das Internet abschließbar. Lediglich Sparkonten bleiben außen vor, da die Ausfertigung des Sparbuches hohe Kosten verursacht und dem Gedanken der schnellen Online-Verfügung über das Guthaben entgegensteht.

Verschiedene Plattformen bieten unterschiedliche Produkt-Schwerpunkte, so dass sich die nachfolgende Darstellung auf typische Plattformtypen bezieht. So werden zunächst Online-Anbieter von Termineinlagen (▶ Kap. 3.2), digitale Vermögensverwalter (Robo-Advisor ▶ Kap. 3.3) und Ansätze zum Kopieren erfolgreicher Investoren (Social Trading ▶ Kap. 3.4) dargestellt. Diese beruhen auf Anlageprodukten, die dem üblichen Spektrum entsprechen und neben typischen Bankeinlagen (Termingeld) auch Wertpapiere umfassen.

Darüber hinaus bietet die digitale Vermögensanlage aber auch Chancen, in Anlageklassen zu investieren, die Kleinanlegern normalerweise nicht zur Verfügung stehen. Hierunter fallen insbesondere die Möglichkeiten zur Investition in junge Unternehmen und besicherte Darlehen (Crowdfunding) (▶ Kap. 3.5) und Investitionen in Realgüter wie Immobilien, Kunst und Wein oder Private Equity (▶ Kap. 3.6). Es gibt aber durchaus auch Plattformen, die sich nicht auf eine der oben genannten Anlageklassen fokussieren, sondern sich übergreifend positionieren.

3.2 Vermittlung von Termineinlagen

3.2.1 Spezifika von Termineinlagen

Termineinlagen sind kurz- bis mittelfristige Geldanlagen bei Kreditinstituten mit einer festen Laufzeit (von Tagesgeld bis zu mehrjährigen

Anlagezeiträumen) und festgelegtem Zins.[32] Gelegentlich findet man auch Angebote mit einer Laufzeit von 10 Jahren oder in seltenen Einzelfällen auch darüber hinaus. Aufgrund der vorher fixierten Laufzeit sind Kündigungen ausgeschlossen.

Die Zinssätze waren in der Niedrigzinsphase sehr gering und lagen teilweise (je nach Laufzeit und Anbieter) bei 0,0 %.[33] Mittlerweile sind die Zinsen wieder gestiegen und es gibt deutlich höhere Zinsen (manche Banken warben Mitte 2024 mit Zinsen für Anlagen von Neukunden von über 4 %). Gebühren fallen nicht an. Normalerweise gilt, dass der Zinssatz umso höher liegt, je länger die Laufzeit ist.[34] Durch die fixe Laufzeit kann der Anleger die Konditionen der Investition sehr gut an seine finanziellen Planungen anpassen. Seit Frühjahr 2024 liegen Festgeldzinsen zum ersten Mal seit vielen Jahren wieder einmal oberhalb der Inflationsrate.

Neben Termingeldern in Euro besteht auch bei manchen Kreditinstituten die Möglichkeit, Festgelder in anderen Währungen anzulegen. In einigen Fremdwährungen, z. B. beim US-Dollar, ist das Zinsniveau seit einiger Zeit höher als in der Euro-Zone. Jedem Anleger sollte aber bewusst sein, dass er für einen höheren Zins ein signifikantes Währungsrisiko eingeht, denn die Rückzahlung des Dollar-Festgelds erfolgt natürlich in US-Dollar und wird zum Fälligkeitstermin zum dann gültigen Wechselkurs

---

32 Eine Sonderform stellt das Kündigungsgeld dar, bei dem man keine feste Laufzeit vereinbart, aber das angelegte Geld erst nach Ablauf der Kündigungsfrist zurückerhält (vergleichbar einem Sparkonto). Die Höhe der Zinsen während der Laufzeit schwankt je nach Marktsituation. Diese Form kommt aber relativ selten vor.

33 Bei solchen Konditionen hört man oft den Einwand, dass man das Geld ja dann auch in bar unter dem Kopfkissen deponieren könne. Der Vorteil einer Anlage für einen gewissen Zeitraum zu 0 %, also gänzlich ohne Verzinsung, liegt aber darin, dass die sichere Aufbewahrung von Bargeld teurer wäre (Sicherheitsvorkehrungen wie Safe und Versicherung gegen Diebstahl etc.).

34 Ein positiver Zusammenhang zwischen Laufzeit und Zinsen (je länger die Laufzeit, desto höher die Zinsen) stellt den Normalfall dar. Es gibt aber auch alternative Marktsituationen (z. B. bei einer sogenannten inversen Zinsstrukturkurve, wenn die kurzfristigen Zinsen höher sind als die langfristigen), in denen dieser Zusammenhang so nicht besteht. Eine solche Konstellation gab es in Deutschland Anfang der 1990er Jahre kurz nach der Wiedervereinigung und in den Jahren 2023/24, als die kurzfristigen Zinssätze von der EZB zur Inflationsbekämpfung erhöht wurden.

wieder in Euro umgerechnet. Insbesondere risikoaversen Anlegern ist von solchen Investitionen eher abzuraten.

Bei Termineinlagen, die länger als ein Jahr laufen, hat der Kunde in der Regel die Option, sich die Zinsen jährlich auszahlen zu lassen oder bis zum Laufzeitende anzusammeln. Insbesondere bei höheren Zinsen profitiert man im zweiten Fall vom Zinseszinseffekt.[35]

Es ist vollkommen unerheblich, ob man 0 % Festgeldzins bei einer Inflationsrate von 2 % oder 4 % Festgeldzins bei einer Inflationsrate von 6 % erhält – in jedem Fall geht mit einer solchen Konstellation ein Realvermögensverlust (d. h. unter Berücksichtigung der Kaufkraft) einher. Für den langfristigen Vermögensaufbau ist Termingeld daher denkbar ungeeignet und sollte eher für kurz- bis mittelfristige Anlagen genutzt werden (wenn z. B. in 2 Jahren der Kauf eines Autos oder eine teure Reise geplant sind, kann Termingeld als Anlagealternative durchaus in Betracht gezogen werden).

Da der Anleger das Geld bei einer Bank investiert, besteht das Verlustrisiko anders als bei den meisten der hier dargestellten Varianten ausschließlich in einem Ausfall des jeweiligen Kreditinstituts. Bei Geldanlagen bei Banken ist der Investor aber zusätzlich bis zu einem gewissen Betrag gegen den Verlust seines Geldes über die Einlagensicherung geschützt. Deswegen gelten Termineinlagen auch als besonders sicher.

3.2.2 Einlagensicherungssysteme

Die Einlagensicherung ist eine Einrichtung des Verbraucherschutzes und dient dazu, dass Privatpersonen beim Ausfall einer einzelnen Bank, bei der sie ihr Geld angelegt haben, den wirtschaftlichen Verlust ersetzt bekommen. Einlagensicherungssysteme sind in der EU und den meisten Industrienationen Standard. In Deutschland ist das System aufgrund der Heterogenität des Bankensektors relativ komplex.

Zunächst spielen die sogenannten gesetzlichen Einlagensicherungssysteme eine wichtige Rolle. Dabei ist der Begriff »gesetzlich« nicht so zu

---

35 Legt man 10.000 € für 3 Jahre an, erhält man (ohne Berücksichtigung von Steuern) entweder drei Mal 400 € Zinsen ausgezahlt (in Summe also 1.200 €) oder 1.248,64 €, falls die Zinsen in einer Summe am Ende der Laufzeit gezahlt werden.

verstehen, dass der Staat die Garantien übernimmt, sondern dass der Staat »per Gesetz« die Bankengruppen verpflichtet, entsprechende Systeme vorzuhalten. In diese Kategorie fallen im Prinzip die 4 nachfolgenden Einrichtungen:

- Entschädigungseinrichtung deutscher Banken GmbH (EdB) für private Banken wie die Deutsche Bank AG oder die Commerzbank AG,
- Institutssicherungssysteme der Sparkassen-Finanzgruppe,
- Institutssicherungssysteme des Bundesverbandes der Deutschen Volksbanken und Raiffeisenbanken,
- Entschädigungseinrichtung des Bundesverbandes Öffentlicher Banken Deutschlands GmbH (EdÖ), an der jedoch nur sehr wenige Banken angeschlossen sind (z. B. die Deutsche Kreditbank DKB).

Einer Bank wird nur dann eine Lizenz zum Betreiben des Bankgeschäfts erteilt, wenn sie an eines der genannten Systeme angeschlossen ist.[36]

Grundsätzlich sind pro Person 100.000 € pro Bank abgesichert. Damit sind Ehepartner, die ihr Geld gemeinsam anlegen, bis zum doppelten Betrag pro Bank geschützt. Darunter fallen nicht nur Termingelder, sondern auch Guthaben auf Girokonten, Sparkonten etc. Wertpapiere in Depots müssen nicht geschützt werden, da diese von den Banken nur verwahrt werden und nicht in die Insolvenzmasse einer Bank fallen. Wer über deutlich mehr als 100.000 € verfügt und die Annehmlichkeiten der Einlagensicherung vollumfänglich nutzen möchte, sollte seine Anlagen daher besser auf mehrere Banken verteilen oder Wertpapiere erwerben.

Außer der gesetzlichen Einlagensicherung existiert in Deutschland noch die freiwillige Einlagensicherung, die ggf. höhere Entschädigungen bei Verlusten nach sich zieht, aber an der nicht jedes Kreditinstitut beteiligt ist. Auch diese freiwillige Einlagensicherung basiert auf der Einteilung in die 4 oben genannten Bankengruppen.

---

36 Auch private Einlagen bei der Greensill Bank, die durch eine aufsehenerregende Insolvenz im März 2021 bekannt geworden ist, waren selbstverständlich über das Einlagensicherungssystem garantiert, sodass Privatkunden bis zu einer Anlagesumme von 100.000 € keine Verluste erleiden mussten. Publizitätsträchtig waren hier auch Verluste von Kommunen, die bei der Greensill Bank Termingelder angelegt hatten, die jedoch aufgrund ihres Status als öffentliche Hand nicht der Einlagensicherung unterliegen.

Die Entschädigungssumme von bis zu 100.000 € pro Kunde pro Bank gilt auch in allen anderen Ländern der EU, auch wenn die jeweiligen nationalen Systeme sich teilweise stark unterscheiden. Fällt eine Bank im europäischen Ausland aus, bei der ein Deutscher sein Geld angelegt hat, so erfolgt die Abwicklung über einen der deutschen Einlagensicherungsfonds im Auftrag der ausländischen Einrichtung. Allerdings macht es Sinn, sich mit den Modalitäten der jeweiligen länderspezifischen Einlagensicherung auseinanderzusetzen, sollte man außerhalb Deutschlands investieren wollen. Falls der Staat die Garantie abgibt und dieser wirtschaftsschwach ist, kann es trotz einer formalen Einlagensicherung unter Umständen Probleme mit der Entschädigung geben.

Lange Wartezeiten für die Entschädigung sind normalerweise nicht erforderlich, die Auszahlung erfolgt derzeit nach maximal 7 Arbeitstagen. Wenn allerdings die Kontodaten nicht auf dem aktuellen Stand sind, kann es unter Umständen zu Verzögerungen kommen. Eine Verjährung der Ansprüche greift erst nach 5 Jahren.

Einlagensicherung ist aber keine Besonderheit der EU. Auch andere europäische Länder wie die Schweiz oder Großbritannien verfügen über solche Systeme, die ähnlich wie die Genannten ausgestattet sind. In den USA erstattet die Federal Deposit Insurance Corporation seit 1934 ausgefallene Einlagen bis zu einer Höhe von 250.000 USD pro Person und Bank.

3.2.3 Direkte Termingeldanlagen bei Banken

Ab dem Jahr 2009 hatte die Europäische Zentralbank zur Bekämpfung der Finanz- und Staatsschuldenkrise eine Politik (sehr) niedriger Zinsen verfolgt, die auch mehr als 10 Jahre später noch Grundlage der Entscheidungen der EZB war. In der Folge waren, vor allem im kurzen bis mittleren Laufzeitbereich, auch negative Zinsen keine Seltenheit mehr. Da die Banken für ihre Einlagen bei der EZB Strafzinsen (auch Verwahrentgelt genannt) zahlen mussten, gaben sie diese vermehrt auch an ihre Kunden weiter. Insofern investierten nicht wenige Anleger in Festgeld, um wenigstens den nominalen Wert des Geldes zu erhalten.[37] Durch die Be-

---

37 Mit einer Geldanlage zu 0 % Zinsen für mehrere Jahre erhält man genau den gleichen Betrag wieder zurück, den man eingesetzt hat. Dieser hat zum Rückzahlungszeitpunkt jedoch – inflationsbedingt – eine geringere Kaufkraft als zum Anlagezeitpunkt.

kämpfung der im Jahr 2022 vor allem durch den Ukrainekrieg stark gestiegenen Inflation erhöhte die EZB sukzessive die Zinsen und begann erst Mitte 2024 wieder mit Zinssenkungen.

Termingeld bietet in Deutschland fast jedes Kreditinstitut an. Ein Beispiel zeigt Darstellung 7.

ZINSSATZ (P.A.) UND LAUFZEIT	Stand: August 2021			
0,10 %	0,15 %	0,20 %	0,30 %	0,60 %
12 Monate	2 Jahre	3 Jahre	5 Jahre	10 Jahre

ZINSSATZ (P.A.) UND LAUFZEIT	Stand: August 2024			
2,75 %	2,75 %	2,75 %	2,50 %	2,25 %
12 Monate	2 Jahre	3 Jahre	5 Jahre	10 Jahre

Dar. 7: Festgeldkonditionen in Abhängigkeit von der Laufzeit (Quelle: https://www.pbbdirekt.com/euro-anlagen/festgeld.html)

Im oberen Teil der Darstellung lässt sich leicht das Zinsniveau während der Niedrigzinsphase erkennen, während im unteren Teil die Mitte 2024 noch vorherrschende inverse Zinsstruktur (niedrigere Zinsen bei längeren Laufzeiten) deutlich wird.

Gerade die bundesweit tätigen Großbanken hatten sich in der Niedrigzinsphase fast vollständig aus dem Markt zurückgezogen und boten keine eigenen Festgelder in Euro mehr an. Die Deutsche Bank vermittelte z. B. über die Funktion des »Zinsmarkt« Festgelder von Partnerbanken (u. a. die Deutsche Pfandbriefbank (pbb direkt) aus Darstellung 7), bietet aber seit Mitte 2024 wieder Termingelder mit einer Laufzeitpalette von 6 Monaten bis 8 Jahren an.

Genossenschaftsbanken und Sparkassen waren und sind im Markt für Termineinlagen aktiv. Um sich einen Überblick über die Konditionen zu verschaffen, reichen ein paar Klicks auf den Webseiten der jeweiligen Bank. Meist besteht sogar die Möglichkeit zu einem Online-Abschluss ohne die Notwendigkeit, eine Filiale zu besuchen.

Darüber hinaus bieten auch sogenannte Neobanks oder ausländische Kreditinstitute Festgelder in Deutschland an, die in der Regel online abgeschlossen werden können. Neobanken sind in den letzten Jahren gegründete Internetbanken mit Vollbanklizenz, der bekannteste Vertreter in Deutschland ist N26 aus Berlin. Die ausländischen Banken, die in Deutschland Festgelder anbieten, kommen in der Regel aus EU-Mitgliedsstaaten und bieten trotz geringem Risiko (sie unterliegen ebenfalls der Einlagensicherung) etwas höhere Zinsen als die etablierten deutschen Kreditinstitute.

3.2.4 Plattformen mit Schwerpunkt Termineinlagen

3.2.4.1 Marktüberblick

Die etablierten Anbieter von Termingeld nehmen entsprechende Anlagen nur für eigene Rechnung an – mit der Ausnahme, dass die Deutsche Bank Festgeld von weiteren Banken vermittelt und insofern bereits Ansätze einer Plattformstruktur umgesetzt hat. Allerdings sind die Angebote auf eine geringe Anzahl von Partnerbanken beschränkt, so dass damit ein echter Einblick in den Gesamtmarkt für Termineinlagen nicht möglich ist.

Nachfolgend werden beispielhaft die Funktionsweisen und Angebotsstrukturen von zwei bei der Vermittlung von Termingeldern tätigen Plattformanbietern vorgestellt – Check24 und Weltsparen by Raisin. Selbstverständlich gibt es eine Vielzahl weiterer relevanter Unternehmen, aber die beiden genannten sind die Marktführer und alle anderen Marktteilnehmer orientieren sich an deren Geschäftsmodell.

Check24 ist vielen Kunden als Vergleichsplattform bekannt. Man erhält auf der Webseite für eine Vielzahl von Produkten (Strom, Versicherungen, Konten, Handyverträge etc.) einen anschaulichen Marktüberblick und kann sich auf Basis eines detaillierten Vergleichs für bestimmte Angebote entscheiden. Ein vergleichbares Geschäftsmodell hat beispielsweise Verivox oder Finanzen.de. Anders als bei Versicherungsprodukten (unterschiedliche Deckungseinschlüsse, Selbstbeteiligungen und Deckungssummen) ist bei Termineinlagen lediglich der Zinssatz und die Laufzeit für einen Vergleich der verschiedenen Angebote relevant und die Auswahl insofern relativ einfach.

Das Produktportfolio von Weltsparen by Raisin ist dagegen deutlich eingeschränkter und fokussiert Termineinlagen und andere Formen der Geldanlage. Signifikante Wettbewerber in Deutschland hat das Unternehmen nicht mehr, die beiden Plattformen Savedo und Zinspilot sind durch Übernahmen in die Plattform Weltsparen integriert worden.

3.2.4.2 Plattformen der digitalen Festgeldanlage

Die relevanten Plattformen finanzieren sich hauptsächlich über Provisionen aus den vermittelten Geschäften, daher gibt es für die Kunden keine Nutzungsgebühren. Über die Höhe der Vergütung werden üblicherweise keine Angaben gemacht. Es besteht jedoch ein Interesse der Plattform, den Kunden diejenigen Anlagealternativen anzubieten, aus deren Vermittlung sie selbst den größten Nutzen ziehen.

Zum Investieren müssen die Kunden ein Konto eröffnen, so dass sie die unterschiedlichen Anlagen zentral über dieses Konto abschließen und verwalten können. Bei der Vermittlung von Festgeldern oder anderen Dienstleistungen über Plattformen reicht die einmalige Identifikation gegenüber der Plattform aus, bei den jeweiligen Banken, in deren Festgeldangebote investiert wird, ist das dann nicht mehr erforderlich. Man kann also ohne größeren Aufwand seine Festgeldanlagen über eine Vielzahl von Banken streuen, ohne jeweils erneut die Mühe einer Kontoeröffnung durchlaufen zu müssen. Eine Übersicht über die getätigten Geldanlagen gibt es bei der beauftragten Plattform.

Für die Produktauswahl steht ein sogenannter Vergleichsrechner (ein hehres Wort für einen solch einfachen Algorithmus) zur Verfügung. Man kann die Angebote mit eigenen Präferenzen nach Anlagebetrag, geplanter Anlagedauer oder der Bonität des Sitzlandes des Kreditinstitutes filtern.

Anleger sollten im Blick behalten, dass die Angebote auf den Plattformen von Banken aus verschiedenen Ländern stammen und deren finanzielle Stabilität und Absicherungen sich stark unterscheiden können. In manchen Ländern (z. B. Slowakei) gibt es eine Quellensteuer, die die Bank, bei der der deutsche Kunde sein Termingeld angelegt hat, an den jeweiligen Staat, in dem die Bank beheimatet ist, abzuführen hat. Hier muss man sich eine steuerliche Ansässigkeitsbescheinigung von seinem Finanzamt besorgen und bei der Plattform einreichen, um die Quellensteuer erstattet zu bekommen. Fehlt diese, vermindert sich der Zinsertrag um die Quellensteuer.

Beim Abschluss eines Termingeld-Geschäfts muss der Kunde darauf achten, dass keine automatische Prolongation eingegeben ist. In solchen

Fällen wird das Geld nach Ende der Laufzeit nicht ausgezahlt, sondern zur gleichen Laufzeit (mit den dann relevanten Konditionen) wieder angelegt. In den meisten Anwendungen kann man die Prolongation ausschalten, indem man an der entsprechenden Stelle ein Häkchen setzt oder wegnimmt.

Check24

Die Check24 GmbH wurde1999 in München gegründet. Im Jahr 2020 hat Check24 eine eigene Bank mit Sitz in Frankfurt am Main gegründet und dadurch die Banklizenz erhalten.

Check 24 betreibt u. a. eine Vergleichsplattform für Termineinlagen und vermittelt Festgeld mit einer Laufzeit von einem Monat bis zu 10 Jahren (▶ Dar. 8). Eine Anlage ist schon mit sehr kleinen Beträgen möglich, während je nach Kooperationspartner die Maximalinvestitionen bei mehreren Millionen Euro liegen können. Dabei sind die Kreditinstitute, deren Festgelder über Check24 vermittelt werden, den meisten auch professionellen Marktteilnehmern unbekannt. So stammte im August 2024 die Anlage mit dem höchsten Zinssatz bei einer einjährigen Laufzeit von einer slowakischen Bank (VÚB Banka), bei der zweijährigen Laufzeit von einem kroatischen Kreditinstitut (Banka Kovanica).

Dar. 8: Ausgewählte Termingeldzinsen nach Anlagedauer bei Check24 (Quelle: https://finanzen.check24.de)

Anlagedauer	ein Jahr	2 Jahre	3 Jahre	5 Jahre	10 Jahre
Zinssatz (08/2021)	bis 0,61 %	bis 0,85 %	bis 0,92 %	bis 1,27 %	bis 1,41 %
Zinssatz (08/2024)	bis 3,71 %	bis 3,63 %	bis 3,57 %	bis 3,51 %	bis 3,21 %

Wer sich den Zinsertrag mit Check24 berechnen lassen und ihn mit anderen Angeboten vergleichen will, muss nur den gewünschten Anlagebetrag und die geplante Anlagedauer in den Vergleichsrechner eingeben. Dann werden die Angebote nach dem Jahreszins sortiert sowie der Gesamtertrag angezeigt. Neben geplantem Anlagebetrag und geplanter Anlagedauer kann man auch angeben, ob ein Neukundenbonus (eine Art Willkommensprämie für Neukunden) berücksichtigt werden sollen oder nicht.

Das Risiko einer über Check 24 vermittelten Festgeldanlage unterscheidet sich nicht von der Direktanlage bei einer Bank. In jedem Fall wird das Ausfallrisiko des Kreditinstituts durch das Einlagensicherungssystem bis zur gesetzlichen Entschädigungssumme ausgeglichen. Da es sich bei den Kooperationspartnern jedoch vorwiegend um ausländische Kreditinstitute handelt, die auch teilweise außerhalb der EU beheimatet sind, lohnt sich ein Blick ins Kleingedruckte (vor allem die genaue Ausgestaltung der Einlagensicherung im Sitzland der Bank).

Weltsparen by Raisin

Raisin DS GmbH als der Betreiber der Plattform wurde 2012 in Berlin gegründet und bietet seit 2013 unter dem Namen »Weltsparen by Raisin« eine Onlineplattform mit europaweiten Tages- und Festgeldangeboten sowie globalen ETFs. Geldgeber für Raisin während der Start-up- und Wachstumsphase waren u. a. renommierte Unternehmen wie die Investment Bank Goldman Sachs und der Zahlungsdienstanbieter PayPal. Im Jahr 2019 hat Raisin die MHB Bank mit Sitz in Frankfurt übernommen und in Raisin Bank AG umbenannt. Seitdem führt die Raisin Bank die Verrechnungskonten für die Einlagen der Kunden und stellt das Onlinebanking von WeltSparen zur Verfügung.

Bis jetzt bietet Weltsparen Termingeld aus über 30 Ländern mit einer Laufzeit von 3 Monaten bis 10 Jahren. Die Plattform gibt an, mit fast 200 Banken vor allem in Europa und den USA zusammenzuarbeiten.

Die angebotenen Zinssätze differieren je nach Laufzeit, Anlagebetrag und Bonität des Herkunftslandes. Der Zinssatz für Anlagen von einem Jahr bis 10 Jahre sind Darstellung 9 zu entnehmen. Im Vergleich zu Darstellung 8 sieht man, dass die Konditionen bei Check24 und Weltsparen sich umso stärker unterscheiden, je länger die Laufzeit ist.

Dar. 9: Termingeld-Zinssatz nach Anlagedauer bei Weltsparen (Quelle: https://www.weltsparen.de)

Anlagedauer	ein Jahr	2 Jahre	3 Jahre	5 Jahre	10 Jahre
Zinssatz (08/2021)	bis 0,61 %	bis 0,90 %	bis 1,00 %	bis 1,20 %	bis 1,50 %
Zinssatz (08/2024)	bis 3,70 %	bis 3,70 %	bis 3,70 %	bis 3,65 %	bis 3,70 %

Die Mindestanlagesumme beginnt bei 1.000 € (ggf. höher, abhängig von der Partnerbank) und der Maximalanlagebetrag liegt bei 100.000 €. Die jeweils höchsten Angebote im Bereich von einem bis drei Jahren stammt von der italienischen Banca Progetto, bei der allerdings das minimale Anlagevolumen bei 10.000 € liegt.

Neben dem Festgeld bietet Weltsparen noch eine Anlageform mit dem Namen Flexgeld an. Das Investment soll die Flexibilität von Tagesgeld mit den Zinsen für Termingelder verknüpfen. Die Zinssätze sind jedoch etwas geringer als bei klassischem Festgeld. Auch das eingangs als seltene Sonderform erwähnte Kündigungsgeld wird bei Weltsparen angeboten.

Um in Termingeld zu investieren, muss man sich einmal bei Welt-Sparen anmelden, identifizieren und ein kostenloses, unverzinstes Girokonto als zentrales Transaktionskonto eröffnen, über das die Geldanlage bei den ausländischen Banken durchgeführt werden kann. Für jedes Anlageprodukt wird wie auch bei Direktanlagen von Festgeld bei jeder Partnerbank ein eigenes Konto eröffnet.

3.2.5 Festgeld – Eignung für Anleger

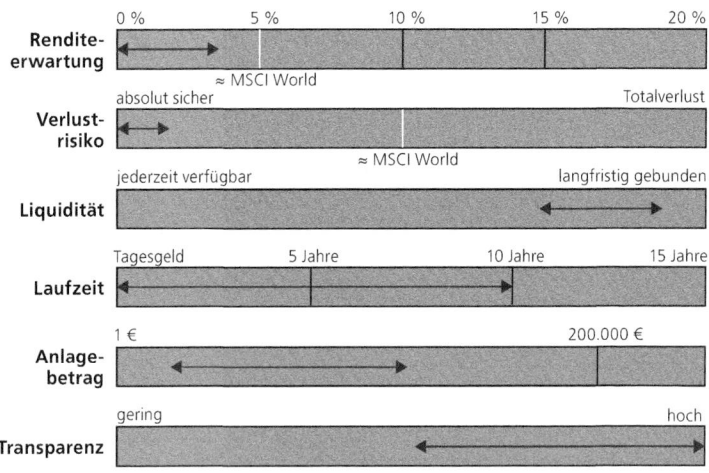

Dar. 10: Anlagecharakteristika von Festgeld

Als Überblick über die verschiedenen Anlageformen gibt es hier und in den folgenden Kapiteln jeweils eine graphische Übersicht über die Charakteristika der jeweiligen Anlageform.

Aufgrund der durch das Einlagensicherungssystem gewährleisteten weitgehenden Risikolosigkeit von Festgeldanlagen bieten sich diese vor allem für risikoaverse Anleger an. Die Renditen, die man mit Termingeldern erzielen kann, sind relativ gering und werden in vielen Zeiträumen unter der Inflationsrate liegen (was bedeutet, dass mit der Anlage die Kaufkraft des Geldes nicht aufrechterhalten werden kann). Ein Restrisiko bei Anlagen über Plattformen, die vorwiegend Festgelder an baltische, bulgarische oder kroatische Banken vermitteln, verbleibt jedoch trotz der Existenz einer formalen Einlagensicherung. Sehr risikoadverse Anleger sollten daher nur Festgelder in Deutschland und einigen angrenzenden EU-Ländern wie Frankreich, Österreich oder den Niederlanden in Betracht ziehen.

Selbstverständlich kann man auch höhere Beträge (bei Check24 z. B.) über mehrere Millionen Euro anlegen, aufgrund der Beschränkungen der Garantiesumme der Einlagensicherung sollte man jedoch auf eine Anlage über 100.000 € pro Bank verzichten, es sei denn eine spezifische Bank bietet im Rahmen der freiwilligen Einlagensicherung höhere Garantien (selbstverständlich muss diese Garantie dann auch belastbar sein).

Die Laufzeiten reichen von Tagesgeld mit entsprechend vollständiger Liquidität bis zu 10 Jahren. In letzterem Fall ist das Geld dann über die gesamte Laufzeit gebunden und steht dem Kunden nicht zur Verfügung, kann auch nicht vorzeitig gekündigt werden.

Aufgrund der eher niedrigen Zinsen sollte man Termingeld bestenfalls als einen überschaubaren Anteil am Gesamtportfolio abschließen. Interessante Renditen wie bei anderen Anlageformen sind hier – vor allem aufgrund der hohen Sicherheit – nicht zu erzielen. Wer sich jedoch entscheidet, in Festgeld zu investieren, sollte die Modalitäten der Einlagensicherung kennen und seine Anlagen auf mehrere Banken verteilen, wenn größere Beträge im Spiel sind.

3.3   Robo-Advisory

Robo-Advisor sind digitale Vermögensverwalter. Dieser deutschsprachige
Begriff ist in diesem Zusammenhang treffender, denn weder handelt es
sich um vollständig automatisierte (»Robo«) Angebote noch ausschließlich
um eine Beratungsdienstleistung (»Advisor«). Selbstverständlich finden
weite Teile der Kundeninteraktion im Rahmen der Digitalisierung rein
elektronisch statt, aber es gibt – zumindest bei Kunden, die größere
Volumina anlegen – auch Kundenbetreuer, die persönlich mit Rat und Tat
zur Seite stehen. Auch handelt es sich nicht um eine mehr oder weniger
unverbindliche Anlageberatung, denn die tatsächliche Verwaltung von
Kundengeldern ist in der Regel integraler Bestandteil dieser Angebote.
   Die Bedeutung dieses Marktsegments wächst seit Jahren stark. Während die ersten Anbieter kurz nach der globalen Finanzkrise ca. 2010 in
den USA an den Start gingen und mittlerweile zu etablierten Unternehmen geworden sind, hat der Trend in Deutschland einige Jahre später
eingesetzt. Lag das verwaltete Vermögen im Jahr 2017 in Deutschland
noch unter 2 Milliarden, hat sich das Volumen mittlerweile verzehnfacht.
Im Vergleich zu den amerikanischen Marktführern ist die Bedeutung
einzelner Anbieter in Deutschland jedoch noch relativ gering.
   Nicht wenige Unternehmen, die als reine Robo-Advisor mit Schwerpunkt Verwaltung von Kundengeldern gestartet sind, haben ihre Dienstleistungspalette mittlerweile erweitert und man kann über sie u. a. auch
selbstständig Depots aufbauen und weiterentwickeln wie bei jeder im
Depotgeschäft tätigen Bank.

3.3.1   Funktionsweise einer (klassischen)
Vermögensverwaltung

Anders als der Anlageberater ist der Vermögensverwalter nicht auf die
Beratung und Unterstützung des Kunden bei der Auswahl einer geeigneten Kapitalanlage beschränkt, sondern bietet eine Art »Rundum-sorglos-
Paket«. Im Standardfall wird das Vermögen nach Ermessen des Vermögensverwalters umgeschichtet, ohne dabei Rücksprache mit dem Kunden
zu halten. In der Regel vereinbaren Kunde und Verwalter dabei im Vorhinein einen Rahmen für dessen Freiheiten.

In der traditionellen Vermögensverwaltung werden vermögende Privat-kunden mit einem Mindestanlagevolumen von oft 500.000 oder einer Million Euro von einem Spezialisten (oft, aber nicht zwingend Angestellter einer Bank) betreut. Der Vermögensverwalter bespricht mit dem Kunden dessen Anlageziele, Zeithorizont, Risikoneigung, Anlagesumme und spe-zielle Anforderungen an das Investment.[38] Häufig wird einem Vermögens-verwalter dabei ein bestehendes Portfolio übertragen, das historisch gewachsen ist (z. B. umfangreicher Immobilienbesitz oder ererbte Unter-nehmensanteile). Auf dieser Basis beginnt der Vermögensverwalter das Portfolio den Anforderungen des Kunden gemäß zu strukturieren, wobei ein möglichst optimales Risiko-Rendite-Verhältnis angestrebt wird. Dabei wird zur Streuung des Vermögens in verschiedene Anlageklassen inves-tiert. In Frage kommen vor allem Aktien und Unternehmensbeteiligungen, Anleihen, Rohstoffe und Immobilien, in jüngster Zeit auch Kryptowäh-rungen. Eine Anlage erfolgt aber meist nicht direkt in Einzeltitel innerhalb dieser Vermögensklassen, vielmehr wird oft in Fonds oder ETFs investiert, die eine höhere Diversifikation ermöglichen.

Vergütet wird der Vermögensverwalter über eine jährliche Gebühr, die in Abhängigkeit von der verwalteten Summe berechnet wird und meist in einer Größenordnung von 1,5 bis 2,5 % liegt. Zusätzlich kann eine Perfor-mance Gebühr anfallen, wobei der Vermögensverwalter an einer positi-ven Portfolioentwicklung partizipiert und beispielsweise 10 bis 15 % der Gewinne einbehält.

3.3.2 Plattformen der digitalen Vermögensverwaltung

3.3.2.1 Geschäftsmodell

Robo-Advisory hat sich auf Basis anfangs eher einfacher Dienstleistungen stetig weiterentwickelt. Während ursprünglich eine automatisierte Anla-geberatung auf Grundlage der Ergebnisse eines einfachen Fragebogens

---

38 Spezielle Anforderungen können zum Beispiel sein, dass der Investor maximal einen bestimmten Prozentsatz seiner Anlagen in Unternehmensbeteiligungen halten möchte, bestimmte Branchen bevorzugt (z. B. grüne Energie) oder aus-schließt (z. B. Rüstungsunternehmen) oder sich auf bestimmte Währungen konzentrieren will.

angeboten wurde, beinhaltet die neueste Generation inzwischen eine vollumfängliche Vermögensverwaltung inklusive Umschichtungen und Neugewichtungen innerhalb der Kundenportfolien.

Das Geschäftsmodell der digitalen Vermögensverwaltung basiert für Standardkunden auf einer rein virtuellen Beziehung und somit fallen die Eckpfeiler der traditionellen Vermögensverwaltung weg – der persönliche Kontakt zum Betreuer und die Exklusivität der Kundenbeziehung.[39] Grundsätzlich weicht der Prozess jedoch nicht stark von dem der traditionellen Vermögensverwaltung ab. Dabei wird, allerdings über Smartphone oder Computer, ein Fragebogen beantwortet. Dieser beinhaltet ebenfalls die traditionellen Eckpunkte Anlageziele und -horizont, Risikoneigung, Anlagesumme bzw. Vermögen und spezielle Anforderungen an das Investment. Die Standardisierung und elektronische Umsetzung des Fragenkatalogs realisieren erhebliche Kostenvorteile gegenüber dem etablierten Verfahren. Durch den hohen Grad an Normierung und die einmalige Aufsetzung von verschiedenen Algorithmen und Systemen kann die Vermögensverwaltung vereinfacht werden und ist nicht mehr nur vermögenden Kunden vorbehalten. Das Portfolio ist zudem immer digital abrufbar und es können jederzeit Änderungen vorgenommen werden. Dies ist bei einer rein persönlichen Beratung nicht so einfach möglich.

3.3.2.2 Einstufung der Kunden in Risikokategorien

Nach der erfolgreichen Registrierung bei einem Robo-Advisor muss der Kunde verschiedene Fragen bezüglich seiner Anlageziele beantworten. Diese sind sehr intuitiv und vor allem für Personen konzipiert, die weniger Erfahrung mit der Kapitalanlage haben. Dabei handelt es sich um Fragen bezüglich der persönlichen (z. B. Alter und Familienstand) und finanziellen Situation (z. B. Einkommens- und Ausgabensituation), der Risikotoleranz, dem Anlageziel sowie -horizont (z. B. Aufstockung der Altersversorgung oder Finanzierung der Ausbildung eines Kindes) und den bisherigen Kenntnissen der Kapitalanlage. Weiterhin rückt die Nachhaltigkeit[40] der

---

39 Wenn hohe Volumina angelegt werden, wird dem Kunden auch bei manchen digitalen Anbietern einen persönlichen Ansprechpartner zugewiesen.

40 Sogenannte ESG-Fonds oder -ETFs achten auf ökonomische (Environment), soziale (Social) und unternehmensführungsbezogene (Governance) Kriterien.

Finanzanlagen für viele Investoren immer mehr in den Vordergrund. Dies findet auch im Bereich des Robo-Advisory verstärkt Anwendung, indem der Kunde gefragt wird, ob ihm dieser Aspekt bei der Kapitalanlage wichtig ist und inwiefern diese Kriterien im Fokus stehen sollen. Auf der Grundlage der Ergebnisse des Fragebogens wird eine Portfoliozusammensetzung ermittelt, die alle vorherigen Angaben berücksichtigt.

3.3.2.3 Umsetzung der Kapitalanlage

Die digital verwalteten Portfolios werden auf der Grundlage von quantitativen Berechnungsalgorithmen und den persönlichen Präferenzen der Kunden gemäß den Ergebnissen des Fragebogens ausgerichtet. Daraus resultiert dann vor allem die Gewichtung der verschiedenen Vermögensklassen mit dem Ziel, eine möglichst hohe Rendite bei gegebenem Risikoappetit des Kunden zu erzielen.

Der Robo-Advisor führt im Laufe der Anlageperiode regelmäßig ein sogenanntes Rebalancing durch, um die ursprünglich vom Kunden gewählte Relation von Anlagen in unterschiedliche Vermögensklassen wiederherzustellen.[41] In welche Vermögensklassen investiert wird, ist abhängig vom Robo-Advisor. Die meisten Robo-Advisor investieren jedoch in Aktien und Renten (Anleihen), manche auch noch in Rohstoffe und Immobilien. Innerhalb der Vermögensklasse Aktien wird das Investment unter Umständen auch beispielsweise auf US-Aktien, Wachstumsmärkte, europäische Aktien und Dividendenaktien aufgeteilt. Die Häufigkeit eines Rebalancing unterscheidet sich zwischen den Anbietern. Bei manchen wird nur einmal oder zu fixierten Terminen im Jahr die Gewichtung der Vermögensklassen angepasst, bei anderen häufiger bzw. relativ regelmäßig. Bei festen Rebalancing-Zeitpunkten spielt die Entwicklung der Märk-

---

Darunter fallen beispielsweise der CO_2-Ausstoß und soziales Engagement eines Unternehmens. Außerdem wird die Unabhängigkeit des Aufsichtsrats in die Betrachtung mit einbezogen.

41 Wenn die Risikoeinstufung des Kunden beispielsweise eine Gleichgewichtung von festverzinslichen Wertpapieren und Aktien vorsieht, dann erhöht sich nach einer positiven Börsenphase der Aktienanteil im Portfolio. Rebalancing stellt dann durch Verkauf von Aktien und Zukauf von Anleihen das ursprünglich angestrebte Verhältnis wieder her.

te keine Rolle, bei anderen wird turnusmäßig und regelbasiert auf Basis
der Entwicklung der Märkte das Portfolio an die aktuellen Entwicklungen
angepasst.

Zudem erfolgt das Investment nicht in Einzeltitel, sondern primär in
ETFs, wodurch eine breite Streuung auch innerhalb der Vermögensklassen gewährleistet werden kann. ETFs sind deutlich günstiger als aktiv
verwaltete Fonds, welche über einen längeren Zeitraum trotz höherer
Kosten im Durchschnitt keine bessere Performance liefern. Jeder Robo-
Advisor hat im Vorfeld einen Katalog von ETFs festgelegt,[42] die sowohl
quantitative als auch qualitative Anforderungen erfüllen. Zu den quantitativen Faktoren zählen neben den Kosten für den ETF und der Liquidität,
also der Möglichkeit den ETF jederzeit zu veräußern, auch die Diversifikation. Die qualitativen Kriterien umfassen bspw. die Währung und
die Steueroptimierung für die Kunden.

Auch wenn alle digitalen Vermögensverwalter die Kundenportfolien
mit ETFs umsetzen, so heißt dies natürlich nicht, dass dann auch alle die
gleiche oder auch nur eine sehr ähnliche Performance erzielen und es
insofern keine Rolle spielt, bei welchem dieser neuen Anbieter man
Kunde wird. Einerseits ist die Auswahl der ETFs nicht identisch. So kann
es einerseits sein, dass ein Robo-Advisor stärker auf bestimmte Länder
bzw. Regionen (z. B. amerikanische bzw. asiatische Aktienmärkte) oder
Branchen (basierend auf Indices, die beispielsweise eine niedrigere oder
höhere Gewichtung an Technologieaktien aufweisen) setzt. Andererseits
spielt aber auch der Zeitpunkt des Rebalancings eine entscheidende Rolle
für die Rendite und diese regelbasierte Vorgehensweise ist für Laien nicht
immer nachvollziehbar. So kann ein Rebalancing zu einem ungünstigen
Zeitpunkt (in der frühen Phase einer Börsenhausse beispielsweise) Rendite kosten.

Die Gebühren variieren von Anbieter zu Anbieter. Die Kostenkompo-
nenten lassen sich in die Verwaltungsgebühr und die Gebühren für die
jeweiligen ETFs unterscheiden. Die Verwaltungsgebühr liegt meist zwischen 0,5 und 1 % der Anlagesumme pro Jahr und ist damit deutlich

---

42 Viele Robo-Advisor veröffentlichen ihre ETF-Auswahl. Das ermöglicht Kunden,
   selbst ein Portfolio aufzubauen, ohne einen Vermögensverwalter zu beauftra-
   gen. Dies spart Kosten, aber in Sachen Rebalancing des Portfolios ist der Kunde
   dann auf sich selbst gestellt.

geringer als bei klassischen Vermögensverwaltern. Die Gebühren für die jeweiligen ETFs sind zudem auch stark von den erworbenen Vermögenswerten abhängig. Bei den meisten Musterportfolios belaufen sich die ETF-Gebühren auf ca. 0,2 % p. a., wobei diese bei einzelnen Anbietern aber bis zu 1,5 % betragen können.

3.3.3 Der Markt für digitale Vermögensverwaltung

3.3.3.1 Überblick und ausgewählte Anbieter

Der Markt für die digitale Vermögensverwaltung hat sich zunächst nach der Finanzkrise in den USA entwickelt. Wealthfront und Betterment gelten dabei als Pioniere und verwalteten zu Beginn des Jahres 2024 bereits zusammen über 100 Milliarden USD.[43] Einige Jahre später sind mit Nutmeg (Großbritannien) und Quirion (Deutschland) auch die ersten Robo-Advisor in Europa entstanden. Der US-Markt ist aktuell der mit Abstand größte.

Während für das Jahr 2025 für die digitale Vermögensverwaltung weltweit ein Volumen von bis zu 2,5 Billionen Euro prognostiziert wird, soll das verwaltete Vermögen in Deutschland dann knapp über 20 Mrd. € betragen. Dies ist einerseits auf den früheren Startzeitpunkt in den USA zurückzuführen, zudem sind aber auch die größten etablierten Vermögensverwalter mit eigenen Robo-Advisor-Angeboten in den USA aktiv, wie beispielsweise Vanguard. Das Wachstum wird also nicht nur von neuen Dienstleistern getragen, sondern von schon lange bestehenden und erfolgreichen Unternehmen der Branche, denen es relativ leichtfällt, bestehende Kundenverbindungen auf den Robo-Advisor zu übertragen und durch ihre Reputation und Markenbekanntheit neue Kunden zu gewinnen.

Weiterhin unterscheiden sich der deutsche vom US-Markt deutlich bezüglich des Pro-Kopf-Investments. Während US-Investoren knapp 60.000 € digital verwalten lassen, sind es in Deutschland zurzeit nur ein Viertel dieses Volumens. Anleger in den USA sind aufgrund des Fehlens einer gesetzlichen Rentenversicherung gezwungen, für ihr Alter selbst

---

43 Beide sind in Deutschland nicht aktiv. Wenn deutsche Kunden aber eine Meldeadresse in den USA haben, können sie auch Kunde dieser Anbieter werden.

vorzusorgen und setzen daher verstärkt auf aktienbasierte Anlagen und Anbieter mit geringen Gebühren, u. a. auch im Rahmen einer staatlich geförderten, gemischt betrieblich und privat finanzierten Initiative, den 401k-Plänen.

Kunden können allerdings einem Robo-Advisor nicht nur feste Beträge zur Kapitalanlage anvertrauen, sondern auch in Sparpläne investieren, bei denen monatlich gleiche Beträge angelegt werden. Dies dient dann in der Regel dem Vermögensaufbau, z. B. im Rahmen der privaten Altersvorsorge.[44]

Selbstverständlich wollen auch Robo-Advisor Geld verdienen. Ihre Einkünfte sind dabei im Wesentlichen die Gebühren, die die Kunden bezahlen. Diese müssen jedoch die hohen Anfangsinvestitionen in sowohl Technik als auch Personal finanzieren. Es dürfte leicht nachvollziehbar sein, dass ein digitaler Vermögensverwalter wie viele Unternehmen der neuen Ökonomie darauf angewiesen ist, hohe Volumina zu akquirieren, um die hohen Kosten der Startphase auszugleichen.

Gemäß einer kürzlich erschienenen Studie benötigt eine Plattform in Europa bei einer Gebühr von 0,45 % ein Anlagevolumen von ca. 3 Milliarden Euro, um die Gewinnschwelle zu erreichen. Diese Daten zeigen, dass nicht jede Plattform überleben wird und im Laufe der Zeit eine Konsolidierung bevorsteht.

Nachfolgend werden die in Deutschland führenden Robo-Advisor mit ihren Gemeinsamkeiten und Unterschieden kurz vorgestellt. Selbstverständlich gibt es viel mehr Robo-Advisor auf dem Markt, von denen viele ein Nischendasein führen und vermutlich auf kurz oder lang vom Markt wieder verschwinden werden.

Die Beschreibung der Produktpalette der verschiedenen Plattformen beruht auf deren Angebot im Herbst 2024. Diese Produktpalette wird ständig weiterentwickelt und geändert, so dass bei Investitionsinteresse ein Blick auf die jeweilige Webseite sinnvoll ist.

---

44 Sparpläne sind keine Besonderheit von digitalen Vermögensverwaltern. Auch Onlinebanken wie die Comdirect Bank oder Neobroker wie Trade Republic bieten ihren Kunden diese Möglichkeit, turnusmäßig festgelegte Beträge in bestimmte Anlagen zu investieren – seien es individuelle Aktien, ETF oder Kryptowährungen.

Scalable Capital

Die 2015 gegründete und von namhaften strategischen Investoren unterstützte digitale Plattform Scalable Capital gehört in Deutschland, gemessen am Anlagevolumen, zu den größten Anbietern. Dem Kunden stehen zwar Berater über eine telefonische Hotline zur Verfügung, das System ist aber darauf ausgelegt, dass der Großteil der Interaktionen automatisch erfolgt und kein Berater einbezogen werden muss.

Scalable hat seit einigen Jahren eine Vertriebskooperation mit der ING Bank und zählt den weltweit größten Vermögensverwalter und Anbieter von ETF-Produkten, Blackrock, zu seinen Eigentümern.

Innerhalb der digitalen Vermögensverwaltung kann zwischen zwei Gruppen von Portfolien unterschieden werden:

- Wealth Global mit 3 Ausgestaltungen: Klassisch (internationales ETF-Portfolio mit Aktien, Anleihen und Rohstoffen), ESG (diversifiziertes Portfolio, das ökologische, soziale und ethische Kriterien der Unternehmensführung berücksichtigt) sowie ESG + Gold.
- Wealth Select bietet 6 verschiedene Strategien mit spezifischem Schwerpunkt, z. B. Megatrends, Klima oder Zinsinvest)

Bei der Variante Wealth Global legt der Kunde die Höhe der Aktienquote selbst fest und nach dieser wird das Portfolio maßgeblich gesteuert. Abweichungen von den Zielgewichten durch Marktbewegungen werden während des Investmenthorizonts automatisch umgeschichtet, um die festgelegten Gewichtungen wiederherzustellen (Rebalancing). Bei den ESG-Varianten steht Nachhaltigkeit im Vordergrund und somit werden ausschließlich ETFs gekauft, die in Finanzinstrumente investieren, bei denen dieser Aspekt im Vordergrund steht.[45] Dabei werden je nach gewählter Präferenz, Aktien-, Anleihen- sowie Gold- und Rohstoff-ETFs einbezogen.

Bei Wealth Select weichen die 6 verschiedenen Optionen stark voneinander ab hinsichtlich des Schwerpunkts der Anlage (Megatrends und Value haben 100 % Aktienquote, Zinsinvest entsprechend gar keine Ak-

---

45 Als nicht nachhaltig und damit konträr zum oben erwähnten ESG-Gedanken gelten z. B. Kohleenergie und Rüstungsunternehmen.

tien, die Strategie Allwetter eine feste Quote von Aktien, Anleihen und Rohstoffen) als auch Wahlmöglichkeiten (in einigen der Portfolien kann die Aktienquote vom Investor innerhalb gewisser Grenzen ausgewählt werden).

Das Rebalancing bei Scalable Capital erfolgt auf der Grundlage eines in der Bankenwelt weit verbreiteten Risikomessansatzes, dem sogenannten Value-at-Risk, einer statistischen Kennzahl, die auf der historischen Schwankung der Rendite von Vermögensanlagen basiert. Die Kosten werden grundsätzlich sehr transparent dargestellt. Für beide Varianten setzen sich die Kosten einerseits aus der Verwaltung und dem Handel (0,75 %) und den ETF-Kosten (0,11 %) zu Gesamtkosten von knapp 0,90 % p. a. zusammen. Scalable wirbt zudem mit einer steueroptimierenden Anlage. Das bedeutet im Grunde nur, dass Freistellungsaufträge gegen Ende des Jahres ausgenutzt und potenzielle Gewinne durch Verkäufe realisiert werden. Die dann zur Verfügung stehende Liquidität wird für Umschichtungen verwendet.

Ursprünglich war die digitale Vermögensverwaltung bei Scalable erst ab einem Anlagevolumen von 10.000 € möglich. Dies hat sich inzwischen geändert und ein anfängliches Anlagevolumen muss mindestens 20 € betragen.

Zwar ist Scalable Capital als reiner Robo-Advisor gestartet, inzwischen gehört aber auch ein Neobroker (seit 2020) und die Möglichkeit, ein Fest- und Tagesgeldkonto zu eröffnen, zum Produktportfolio. Dadurch bietet man den Kunden die Möglichkeit, neben dem digital verwalteten Vermögen durch den Robo-Advisor auch selbstständig Anlageentscheidungen zu treffen. Einerseits wird der potenzielle Kundenmarkt für Scalable dadurch enorm vergrößert, andererseits können Synergien zwischen Robo-Advisor und Broker erzielt werden. Innerhalb des Neobrokers bietet Scalable immer mehr Anlagemöglichkeiten, so können Kunden inzwischen auch in Derivate oder Kryptowährungen investieren.

Scalable gibt an, über eine Million Kunden zu haben und über 20 Milliarden Vermögen zu verwalten. Dabei sind natürlich auch die Wertpapiere, die der Broker-Teil des Unternehmens verwaltet, eingerechnet. Der Robo-Advisor verwaltet ungefähr 4 Milliarden Euro.

Ginmon

Mit über 300 Millionen Euro verwaltetem Vermögen gehört Ginmon zu den größten ohne strategischen Investor operierenden Plattformen im deutschen Markt der digitalen Vermögensverwaltung. Dadurch wollen sie dem Kunden signalisieren, dass sie keinem potenziellen Interessenkonflikt zwischen Eigentümer (bei Scalable u. a. der weltgrößte ETF-Anbieter Blackrock) und Kunde ausgesetzt sind. Ab einem verwalteten Volumen von 50.000 € steht ein direkter Ansprechpartner zur Verfügung, mit dem man Details der Geldanlage telefonisch oder per Mail klären kann.

Die Kosten von Ginmon werden wie auch bei Scalable sehr transparent kommuniziert und teilen sich auf in die Verwaltungskosten und die Kosten für die jeweiligen ETFs. Erstere belaufen sich bis zu einem Betrag von einer Million Euro auf 0,75 % und werden darüber hinaus auf 0,60 % gekürzt. Die Kosten für die Kapitalanlage in die ETFs unterscheiden sich dahingehend, ob ein klassisches (0,17 %) oder ein nachhaltiges Investment (0,23 %) gewählt wird. Die Gesamtkosten können somit zwischen 0,77 % p. a. und 0,98 % p. a. variieren und werden monatlich direkt im Ginmon Konto verrechnet. Zu diesem Zweck wird immer eine Liquiditätsreserve von 2 % im jeweiligen Konto gehalten. Kostenfrei ist hingegen eine Änderung oder Aussetzung des Sparplans. Der Kunde kann die Höhe des Sparplans flexibel anpassen, um bspw. auf Marktphasen oder mögliche Gehaltsveränderungen zu reagieren.

Kunden von Ginmon können zwischen insgesamt 10 (je 5 Strategien klassisch und nachhaltig) verschiedenen Anlagestrategien wählen, die sich nach der jeweiligen Risikoneigung unterscheiden. Während mit zunehmender Risikofreudigkeit die Aktien- und Immobilienquoten zunehmen, sinkt in gleichem Maße die Anleihenquote. Die verschiedenen Anlagestrategien heißen – mit zunehmender Risikobereitschaft: Konservativ, Defensiv, Ausgeglichen, Profitorientiert, Risikofreudig.

Ginmon wirbt damit, den Steuerfreibetrag (Sparer-Pauschbetrag in Höhe von 1.000 Euro) direkt ab Beginn durch Umschichtungen und Gewinnrealisierungen bestmöglich auszuschöpfen, anstatt ihn erst (ausschließlich) am Ende des Anlagehorizonts zu nutzen. Inzwischen sind andere Anbieter nachgezogen, daher kann die Steueroptimierung per se nicht mehr als Alleinstellungsmerkmal für Ginmon gelten.

Während bei konservativen Strategien angabegemäß eine Rendite von ca. 3 % p. a. erwartet werden kann, bietet die risikofreudige Strategie eine erwartete Rendite von knapp 7 %, womit selbstverständlich ein deutlich höheres Verlustrisiko einhergeht. Die vergangene Performance und die daraus abgeleitete erwartete Rendite sind dabei nur als Indikator zu verstehen und nicht als garantierte Rendite. Allerdings hat Ginmon bei verschiedenen Vergleichen von Robo-Advisor Angeboten sehr häufig relativ gut abgeschnitten und seinen Kunden bisher ansehnliche Renditen beschert.

Ginmon bietet seinen Kunden über die depotführende Bank die Möglichkeit, verschiedene Unterkonten zu eröffnen. Der Kunde kann somit verschiedene Anlageziele gleichzeitig in den verschiedenen Unterkonten verfolgen.

3.3.3.2 Banken- bzw. vermögensverwalterorientierte Robo-Advisor

Neben den neuen Anbietern, die als Start-ups vor einigen Jahren den Robo-Advisory-Markt entwickelt haben, haben mittlerweile auch eine Reihe von etablierten Unternehmen eigene digitale Vermögensverwalter aufgebaut.

Im Bankenumfeld war Quirion (Quirin Bank) ein früher Vertreter. In der Folge haben die Großbanken mit Cominvest (Commerzbank) und Robin (Deutsche Bank) eigene Angebote lanciert. In der genossenschaftlichen Bankengruppe wird vorwiegend VisualVest verwendet, das von der dem Verbund zugehörigen Kapitalanlagegesellschaft Union Investment entwickelt wurde. Die Sparkassen haben sogar gleich mehrere Robo-Advisor im Angebot.

Auch große ausländische Vermögensverwalter sind mit Robo-Advisory in den deutschen Markt eingetreten, z. B. Vanguard mit dem Vanguard-Invest-Anlageservice. Dass etablierte und in anderen Ländern hocherfolgreiche Unternehmen nicht zwangsläufig auch in Deutschland mit ihren Angeboten Erfolg haben, wird daran deutlich, dass Vanguard den Anfang 2022 (damit relativ spät) gestarteten Service schon weniger als zwei Jahre später wieder einstellen musste. Wenn die Plattform, bei der man Kunde geworden ist, sich aus dem Markt zurückzieht, besteht allerdings kein Verlustrisiko für den Anleger, da die verwalteten ETFs und Wertpapiere einfach auf andere Unternehmen übertragen werden können.

Quirion

Quirion wurde bereits 2013 gegründet und verwaltet inzwischen für über 80.000 Kunden insgesamt mehr als 2 Mrd. €. Der Testsieger von Stiftung Warentest aus 2018 und 2021 bietet ab einer Sparrate von 25 € pro Monat die Möglichkeit zur digitalen Vermögensverwaltung. Eine Einmalanlage ist für eine Depoteröffnung nicht erforderlich.

Das Alleinstellungsmerkmal von Quirion ist ein hybrides Modell in Zusammenarbeit mit der Quirin Privatbank bei gleichzeitig sehr geringen Kosten verglichen mit dem Wettbewerb. Zudem bietet auch Quirion, wie viele andere Unternehmen, eine Möglichkeit für ein Kinderkonto oder Gemeinschaftsdepots an.

Kunden von Quirion können sich zwischen drei verschiedenen Kostenmodellen mit unterschiedlichem Leistungsumfang entscheiden. Neben den Depotgebühren fallen keine Ordergebühren oder Gebühren für eine Änderung oder ein Pausieren des Sparplans an.

- Die Kosten bei quirion Digital belaufen sich auf 0,48 % p. a. und umfassen den geringsten Leistungsumfang. Es ist keine Mindestanlage erforderlich, der monatliche Sparplan muss jedoch mindestens 25 € betragen. Eine Service-Hotline steht den Kunden telefonisch bei Fragen zur Verfügung.
- Beim Premium-Produkt betragen die Kosten 0,84 % und dafür kann der Kunde Beratung über Telefon oder Videochat in Anspruch nehmen sowie ein jährliches Strategiegespräch.
- Das Servicepaket quirion Privat kann ab einer Mindestanlage von 25.000 € zu einem Preis von 1,20 % p. a. eröffnet werden und bietet zusätzlich zum Leistungsumfang des Premium-Depots auch einen persönlichen Portfolio Berater an verschiedenen Standorten, mit dem auch persönliche Treffen möglich sind. Die Leistungen sind somit nahezu identisch mit denen des konventionellen Private Banking oder Wealth Managements.

Der ETF-Sparplan Rechner von Quirion zeigt, wie das potenziell erzielbare Endvermögen des Kunden auf Basis seines monatlichen Sparplans und angenommener Rendite aussehen kann. Der Gesamtwert des Portfolios wird übersichtlich in die kumulierten regelmäßigen Beiträge und den Wertzuwachs aufgeschlüsselt.

Auch bei Quirion ist ein Investment in nachhaltige Strategien oder Megatrends möglich.

Cominvest

Die digitale Vermögensverwaltung der Commerzbank/comdirect ist seit 2017 auf dem Markt. Cominvest bietet im Grunde zwei Produkte an: Cominvest classic ist die digitale Vermögensverwaltung mit traditionellen Investmentvorgaben, während Cominvest green das nachhaltige Pendant darstellt. Wie auch bei verschiedenen anderen Anbietern gibt es bei Cominvest green eine geringere Bandbreite an Investments, da verschiedene Anlageklassen nicht oder nur sehr schwer nachhaltig ausgestaltet werden können. Unter anderem sind hier Staatsanleihen und Immobilien zu nennen. Während beispielsweise US-Staatsanleihen aufgrund von Fracking und den hohen Militärausgaben nicht als besonders nachhaltig gelten, können bei Immobilien viele Altbauwohnungen oder denkmalgeschützte Gebäude nicht einfach abgerissen werden, sodass eine energetische Sanierung trotz technischer Schwierigkeiten und hohen Kosten in der Regel durchgeführt wird.

Ein Investment bei Cominvest ist ab einem Sparplan von 100 € pro Monat oder einer Einmalanlage von 3.000 € möglich. Mit Kosten in Höhe von 0,95 % p. a. zuzüglich durchschnittlich 0,23 % Kosten für die ETFs p. a. gehört Cominvest eher in den Bereich der teuren digitalen Vermögensverwalter.

Bei der Portfoliozusammensetzung von cominvest green (9 verschiedene Anlageklassen) müssen neben den ESG-Kriterien, die unabhängig überprüft werden, auch diverse andere Mindestvoraussetzungen erfüllt sein. Dazu gehören:

- Mindestrating: Das Investment muss ein Mindestrating im Nachhaltigkeitsbereich aufweisen, um für das Portfolio in Frage zu kommen.
- Ausschlusskriterien: Bestimmte Branchen oder Unternehmen sind grundsätzlich von einem Investment ausgeschlossen (z. B. Glücksspiel, Kernenergie, Alkohol, Tabak, fossile Brennstoffe).
- ESG-Policy Factor: Der ESG-Policy Factor zeigt, wie sich das jeweilige Unternehmen aktuell und in Zukunft hinsichtlich verschiedener ESG Faktoren positioniert.

Neben der Optimierung und den oben genannten Kriterien für comdirect green folgt die Wertpapierselektion bei Cominvest classic und green denselben Kriterien. In beiden Kategorien stehen jeweils 5 Portfolien, die sich hinsichtlich des Risikos unterscheiden, zur Auswahl (Ertrag, Balance, Wachstum, Dynamik und Chance)

Die Investmentstrategie basiert im Grunde auf der börsentäglichen Kontrolle eines optimalen Rendite-Risiko-Verhältnisses. Wenn die Portfoliogewichtung nicht mehr zur jeweiligen Börsensituation passt, wird mithilfe eines Algorithmus eine Umschichtung vorgenommen, der jedoch nicht eigenständig entscheidet, sondern von entsprechend ausgebildetem Personal überprüft wird. Die Kriterien sind u. a. Bewertungen von Ratingagenturen, das jeweilige Fondsvermögen oder die Einhaltung von Kostengrenzen.

3.3.4   Eignung von Robo-Advisory für Anleger

Die digitale Vermögensverwaltung eignet sich primär für Kundengruppen, die vor allem drei Eigenschaften aufweisen: eine gewisse Affinität für Technologie[46], wenig Bereitschaft oder Zeit zur detaillierten Beschäftigung mit der eigenen Anlagestrategie und Kostenbewusstsein. Die Umsetzung erfolgt entweder mit dem Smartphone oder per Computer in der Regel ohne persönlichen Kontakt zu einem Berater und die jährlichen Kosten für die Dienstleistung belaufen sich bei den meisten Anbieter auf knapp unter 1 % p. a. der Anlagesumme.

Meist handelt es sich um Kunden, die über keine oder wenig Expertise zu Finanzmärkten verfügen und ihre Anlageentscheidung in die Hände Dritter legen. Aber auch Kunden, die Kenntnisse des Kapitalmarkts aufweisen, sich jedoch nicht so stark mit dem Investment auseinandersetzen wollen und eher der Expertise des Algorithmus vertrauen, gehören zur Zielgruppe. Die digitale Vermögensverwaltung ist somit vor allem für Investoren geeignet, die sich nicht ständig mit der Verwaltung ihres Portfolios beschäftigen wollen oder können.

---

46 Die ersten Robo-Advisor in Deutschland waren davon ausgegangen, dass ihr Angebot vorwiegend von jungen, technologieaffinen Kunden bzw. Digital Natives genutzt würde. Im Laufe der Zeit stellte sich aber heraus, dass das Durchschnittsalter der Kunden nicht wie erwartet bei 25-30 Jahren, sondern eher bei 45-50 Jahren lag.

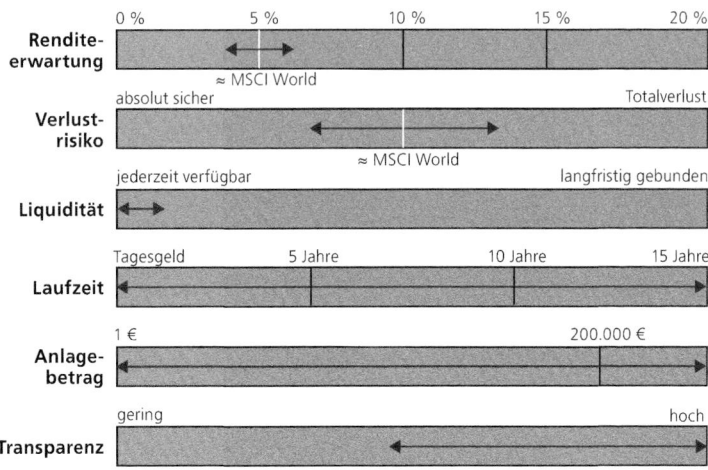

Dar. 11: Anlagecharakteristika von Robo-Advisor-Portfolien

Durch die Streuung der Anlage in verschiedene Risikoklassen bieten Portfolien, die auf Robo-Advisor-Algorithmen beruhen, eher niedrige bis mittlere Renditen bei einem überschaubaren Risiko. Durch das regelmäßige Rebalancing auf die ursprüngliche Portfolioallokation kann nur begrenzt an einer potenziellen Aktienhausse teilgenommen werden, da Titel liquidiert werden und in andere Vermögensklassen reinvestiert werden müssen. Im Rahmen des Corona-Crashs im Frühjahr 2020 wurden zudem die Algorithmen von verschiedenen digitalen Vermögensverwaltern kritisiert, insbesondere von solchen, deren Rebalancing auf dem Value-at-Risk-Ansatz beruht (wie z. B. Scalable Capital). Der Algorithmus habe zu spät reagiert und Verluste nicht ausreichend minimiert. Gleichzeitig wurde auch zu spät wieder eingestiegen und somit nicht optimal von den wieder ansteigenden Märkten profitiert.

Auch wenn die Anlageidee eher langfristig orientiert ist, um Investoren die Möglichkeit zu bieten, dauerhaft an der Entwicklung der Kapitalmärkte zu partizipieren und ein Vermögen aufzubauen, das beispielsweise der Altersvorsorge dient, können die Portfolien jederzeit liquidiert werden und weisen daher eine hohe Flexibilität auf. Darüber hinaus liegt das Geld auf von Banken geführten Depots und wäre auch bei einer Insolvenz des Robo-Advisors nicht verloren.

Einen der zentralen Vorteile der digitalen Vermögensverwaltung stellt die vielfach von den einzelnen Unternehmen angepriesene »Demokratisierung der Finanzmärkte« dar. Jeder soll (finanziell) in der Lage sein, an den Kapitalmärkten auch mit kleinen Beträgen aktiv zu werden und damit langfristig ein (kleines oder großes) Vermögen aufzubauen. Durch die Tatsache, dass die Anlage aus ausschließlich börsengehandelten Instrumenten besteht, hat der Kunde jederzeit einen Überblick über den Wert seiner Position. Er hat aber keinerlei Einfluss auf die Entscheidungen des Algorithmus, kann aber jederzeit aussteigen, den Anbieter wechseln oder bei der gleichen Plattform eine andere Portfoliozusammensetzung wählen. Regelmäßig durchgeführte Tests z. B. von der Stiftung Warentest zeigen auf, welche Renditen die größten Robo-Advisor erzielt haben. Dabei sind aber Portfoliohöhe und -zusammensetzung normiert und ein Betrachtungszeitpunkt festgelegt. Für die eigene Situation des jeweiligen Anlegers muss nicht unbedingt der Testsieger eines solchen Vergleichs der beste Anbieter sein.

Da der Markt der digitalen Vermögensverwaltung aktuell noch sehr umkämpft ist und die Anbieter ein hohes Volumen an verwaltetem Vermögen benötigen, um profitabel zu sein, wird eine Marktkonsolidierung bevorstehen. Nur die größten Anbieter werden sich wahrscheinlich durchsetzen.

3.4 Social Trading

3.4.1 Funktionsweise des Social Trading

Die meisten kapitalmarktorientierten Anleger investieren neben einzelnen Aktien oder Anleihen vor allem in ETFs oder Fonds. Diese orientieren sich meist an einem spezifischen Index und man kann über diese Vehikel in alle erdenklichen (Teil-)Märkte investieren. Während ETFs sogenannte passive Investments sind, bei denen versucht wird, einen Index nachzubilden (wobei es neben den bekannten Indices wie Dow Jones, DAX, Nikkei etc. auch durchaus obskure Indexkonstruktionen gibt) und bei denen kein Mensch in die Investmententscheidung eingreift, unterliegen Fonds in der Regel einem aktiven Managementansatz und Experten wählen bestimmte einzelne Wertpapiere aus, von deren positiven Kurschancen sie überzeugt sind.

Die Investmentprozesse von Fondsmanagern laufen üblicherweise im Hintergrund und für die Anleger wie in einer Black Box ab, so dass die konkrete Zusammensetzung des Fondsvermögens – wenn überhaupt – nur relativ selten veröffentlicht wird. Viel transparenter wäre es jedoch, diese Informationen publik zu machen, so dass ein Anleger jederzeit die genaue Struktur der Portfolien kennt und seine eigenen Anlageentscheidungen daran orientieren kann. Auf diesem Transparenzansatz baut die Idee des Social Trading auf.

Wie der Name schon vermuten lässt, handelt es sich bei Social Trading um eine Mischung aus sozialen Netzwerken und einer Trading Plattform. Dabei tauschen an Kapitalanlagethemen interessierte Personen Informationen und Markteinschätzungen über soziale Netzwerke oder auf einschlägigen Webseiten aus und veröffentlichen die Zusammensetzung und Wertentwicklung ihrer eigenen Portfolien. Ähnlich wie bei sozialen Netzwerken kann man anderen Personen (in der Regel erfolgreichen Kapitalanlegern) oder Portfolien»folgen« und erfährt so von deren finanziellen Transaktionen und Portfolioentwicklungen. Die Anleger, welche die Zusammensetzung ihres Wertpapierdepots veröffentlichen und ihren Followern die Möglichkeit bieten, sich an Struktur, Einzeltitelauswahl und Wertentwicklung ihres Portfolios zu orientieren, werden Social Trader genannt. Da Follower in die Lage versetzt werden, (Teil-)Portfolien von erfolgreichen Anlegern zu kopieren, nennt man diese auch Copy Trader.

Als Alternative zu traditionellen Anlagen wird Social Trading auch in Deutschland immer beliebter, nicht zuletzt, weil einzelne Investoren, die ihre Portfolien transparent machen, Renditen deutlich jenseits dessen erzielen, was Fonds und Index-ETFs normalerweise erwirtschaften. Damit geht natürlich auch ein nicht unerhebliches Risiko einher, denn natürlich gibt es keine Garantie, dass ein in der Vergangenheit erfolgreicher Trader auch in der Zukunft eine positive Performance abliefern wird. Das gilt zwar selbstverständlich auch für Fonds und Vermögensverwalter, aber hier liegt oft eine jahre- bis jahrzehntelange Historie vor (der sogenannte Track Record), aus der entsprechende Schlussfolgerungen gezogen werden können. Grundsätzlich gibt es nur sehr wenige Investoren, die über einen längeren Zeitraum immer wieder in der Lage sind, den Markt zu schlagen. Deswegen wird Investoren ja häufig dazu geraten,»in den Markt« zu investieren, d. h. Finanzinstrumente wie ETFs zu erwerben, die die allgemeine Marktentwicklung mehr oder weniger exakt nachbilden. Wem die Marktrendite (die ja auch – siehe das Jahr 2022 mit einer Gesamtrendite von ca. -12 % beim DAX – deutlich negativ sein kann) nicht ausreicht, der begibt sich auf die Suche nach alternativen Anlagen und Portfoliozusammensetzungen und kann beim Social Trading fündig werden.

Über die Jahre haben sich die Internetportale, die Social und Copy Trader zusammenbringen, von einfachen Finanzforen zu Plattformen entwickelt, bei denen die gesamte Wertschöpfungskette des Social Trading angeboten wird. Beginnend beim Austausch von Anlageideen bis hin zur Auswahl eines konkreten Anlageinstruments und der anschließenden Kapitalanlage kann inzwischen alles bei einer Plattform erfolgen. Anbieter, die keine eigene Handelsfunktion anbieten, kooperieren mit Handelsplätzen, wodurch Copy Trader für die Umsetzung der Kapitalanlage ggf. direkt an die Kooperationspartner weitergeleitet werden. Darüber hinaus bieten zahlreiche Plattformen zudem auch einfache Analysetools auf Basis von Kursdaten und -charts zur Entscheidungsunterstützung an.

Das Geschäftsmodell basiert primär auf der hohen Skalierbarkeit von digitalen Informationen und zielt sowohl auf Privatkunden als auch auf institutionelle Investoren als Nutzer ab. Privatpersonen können dabei sowohl Social Trader als auch Copy Trader sein, während Institutionelle hauptsächlich als Social Trader auftreten.

Der Erfolg des Social Trading beruht auf mehreren Faktoren, die gegenüber der traditionellen Vermögensverwaltung oder der Anlage in Fonds für den Investor Vorteile mit sich bringen:

- Wie erwähnt ist bei Social Trading die Transparenz ständig gewährleistet. Der Anleger weiß jederzeit, in welche individuellen Wertpapiere der Investor, dem er folgt, investiert ist.
- Zudem fallen die Kosten häufig geringer aus als in der traditionellen Vermögensverwaltung oder bei Fonds. Anlagen in ETFs sind dagegen sehr kostengünstig und werden in der Regel niedrigere Kosten aufweisen als Portfolien, die durch Social Trading zusammengestellt wurden.
- Ein weiterer wichtiger Aspekt sind die Interaktionen zwischen den Nutzern (Social Trader oder Copy Trader). In Foren tauschen sie sich über verschiedene Anlagemöglichkeiten aus. Das ist auch für die Plattformen kein zu vernachlässigender Faktor, da Nutzer durch Netzwer-

keffekte enger an diese gebunden sind. Durch die soziale Interaktion wird der Kapitalanlage ein neuer Aspekt hinzugefügt.

Die zentrale Innovation des Social Trading liegt im Prinzip darin, dass hier jedermann Vermögensverwalter bzw. Fondsmanager sein kann und sich nur durch seine Erfolge dafür qualifizieren muss. Dementsprechend können Social Trader zusätzliches Geld beim Entwickeln ihrer Anlageideen verdienen. Die Vergütungsstruktur kann je nach Plattform variieren, ist aber i. d. R. fest mit der Performance bzw. Wertentwicklung des Portfolios verbunden.

Der Erfolg oder Misserfolg der Plattformen hängt nicht unerheblich von seinen Nutzern ab. Zum einen müssen genügend interessante Portfolios durch Social Trader erstellt werden und zum anderen benötigt es eine große Anzahl an Copy Tradern, um erfolgreich zu werden. Hier spielen Netzwerk- und Plattformeffekte eine essenzielle Rolle.

Social Trading zielt im Gegensatz zum konventionellen Portfoliomanagement nicht primär auf wohlhabende Kunden ab. Die auf diesen Plattformen aktiven potenziellen Anleger ergreifen in der Regel gerne selbst die Initiative, gelten als technisch versiert und interessiert an innovativen Investmentmöglichkeiten. Die Nutzer von Social-Trading-Plattformen können sowohl Einsteiger im Bereich der Kapitalanlage als auch Experten sein. Gerade für Einsteiger bringt der Austausch via Foren einen enormen Mehrwert, wenngleich Informationen in Finanzforen mit Vorsicht zu genießen sind. Aber allein aus den Themen, über die in den Foren diskutiert wird, lässt sich schon eine Menge lernen.

Grundsätzlich kann sich jeder bei den Plattformen anmelden, bestimmten Tradern folgen und an der Diskussion partizipieren. Wenn man aber aus der Beobachtungsphase in die Anlage übergehen möchte, dann bieten sich drei Möglichkeiten:

• Der Investor eröffnet bei der Social Trading Plattform oder einer Bank bzw. einem Broker[47] ein Depot und bildet selbst das Portfolio des erfolgreichen Traders nach. Dabei handelt es sich um keine empfehlenswerte

---

47 Aus Kostengründen bietet sich hier ein Online-Depot an, das von Banken (wie comdirect oder ING) oder Brokern (wie Trade Republic, Smartbroker, Onvista oder Scalable Capital) angeboten wird.

Lösung, da man den Entscheidungen des Traders immer hinterherhinkt und durch verspätetes Umsetzen von Umschichtungen ggf. Rendite verliert. Außerdem erfordert dieser Ansatz, sich praktisch permanent mit seinem Depot und dessen Zusammensetzung zu beschäftigen, was enorm viel Zeit kostet, die viele für ihre Anlageentscheidungen nicht zur Verfügung haben.

• Der Investor kopiert einfach einzelne Transaktionen oder das gesamte Portfolio (das würde man dann Mirror Trading nennen) des Traders, dem er folgt, auf der Social Trading Plattform. Veränderungen des relevanten Portfolios werden dann automatisch bei allen Kunden, die dieses kopieren, von der Plattform nachgezogen.

• Einige der Trader sind mittlerweile so erfolgreich, dass deren Portfolien als Zertifikate an der Börse gehandelt werden können. Diese Zertifikate kann man jederzeit in jedes Depot aufnehmen, wenn man von der Investmentidee eines einzelnen Traders überzeugt ist.

Grundsätzlich besteht bei allen wertpapierbasierten Anlageformen das Risiko des Totalverlustes, das jedoch durch Diversifikation gemildert werden kann. Daher ist zu empfehlen, nicht sein gesamtes Geld auf einen bestimmten Trader zu setzen. Insbesondere solche, die nicht in Aktien, sondern in Optionsstrategien investieren, gehen ein deutlich höheres Risiko ein als solche, die auf Wertpapiere setzen.

3.4.2 Anbieter der Social-Trading-Infrastruktur

Social-Trading-Anbieter waren in der Anfangsphase ihrer Existenz in der Regel keine Plattformen, die eine Kapitalanlage vermittelten. Zunächst einmal handelte es sich um Internetseiten, auf denen einzelne Händler ihre Portfolien offenlegten und jeder Interessierte diesen folgen konnte. Die Plattformen versuchen aber zunehmend, die Vorzüge einer Social-Media-Plattform und eines Online-Brokers zu vereinen. Das bedeutet, dass nicht nur einem spezifischen Social Trader gefolgt, sondern auch aktiv an der Wertentwicklung seines Portfolios partizipiert werden kann.

Bei allen Anbietern gibt es sehr anschauliche Beschreibungen oder Kurzvideos, die erklären, wie man entweder selbst als Trader ein Portfolio aufbaut, dem andere folgen können, oder wie man als Copy Trader agieren muss, um von den Investmentideen Anderer zu profitieren.

3.4.2.1 Wikifolio

Wikifolio ging im Jahre 2012 mit der Vision online, Handelsideen in voll transparenten Musterportfolien sowohl zu teilen als auch umzusetzen. Dritten sollte es ermöglicht werden, die Performance nachzuverfolgen und ohne großen Aufwand zu kopieren.

Sind gewisse, relativ leicht zu erfüllende, Voraussetzungen erfüllt, dann werden auf Basis der Anlagestrategie eines Traders Zertifikate, sogenannte »Wikifolios« emittiert. Damit wird den Anlegern das Kopieren der Musterportfolien vereinfacht, da die Zertifikate über die Börse Stuttgart erworben werden können und nicht die einzelnen Positionen des Portfolios in einem Depot nachgebildet werden müssen. Das Zertifikat entspricht also quasi einem Teileigentum an dem Wikifolio – ähnlich einem Fondsanteil – und somit verwalten insbesondere sehr erfolgreiche Social Trader nicht selten enorme Volumina, die teilweise viele Millionen Euro umfassen können. Ein Social Trader kann zudem mehrere Anlagestrategien erstellen und ist nicht auf ein Musterportfolio beschränkt.

Die Wikifolio-Zertifikate werden vom Partnerunternehmen Lang & Schwarz emittiert. Zertifikate mögen zwar auf den ersten Blick wie ETFs erscheinen, aber spätestens seit Anleger in der Finanzkrise mit Zertifikaten von Lehman Brothers einen Totalverlust erlitten, ist klar, dass mit dem Instrument ein signifikantes Risiko einhergeht. Sie sind rechtlich eigentlich Inhaberschuldverschreibungen, also Anleihen, die dem Kreditrisiko des Emittenten vollständig ausgesetzt sind. Wikifolio reduziert jedoch das Risiko seiner Zertifikate dadurch, dass bei einem Ausfall des Emittenten Lang & Schwarz zumindest 90 % der Verluste versichert sind.

Die Gebühren bei Wikifolio setzen sich aus den fixen Zertifikatgebühren in Höhe von 0,95 % p. a. vom aktuellen Kurswert und einer Performancegebühr bei Erreichen eines neuen Jahreshöchststandes (sogenanntes High-Watermark-Prinzip)[48] zusammen. Die Performancegebühr kann sich im Rahmen von 5 % bis 30 % bewegen und wird vom Trader selbst bestimmt. Sämtliche Kosten sind bereits in dem Kurs des Zertifikats enthalten und

---

48 Das High-Watermark-Prinzip beschreibt eine Form der Performancegebühr, die lediglich ausgezahlt wird, sofern das Zertifikat einen neuen (Jahres-)Höchststand erreicht. Die Gebühr bezieht sich dann auf den Differenzbetrag zwischen dem neuen und alten (Jahres-) Höchststand.

müssen entsprechend nicht separat gezahlt werden. Zudem ist die Besicherung der Wikifolio-Zertifikate ohne zusätzliche Kosten inkludiert.

Hat sich ein Copy Trader für ein bestimmtes investierbares Wikifolio entschieden, so stehen ihm zwei Möglichkeiten für die Anlage zur Verfügung. Der Copy Trader kann die jeweilige ISIN (Internationale Wertpapierkennnummer, die die eindeutige Identifizierbarkeit jedes Wertpapiers sicherstellt) des Wikifolio-Zertifikats nutzen und bei seiner Bank oder seinem jeweiligen Online-Broker danach suchen oder er klickt auf den Button »Jetzt investieren« und wird direkt zu einem Partner-Broker von Wikifolio weitergeleitet. Eine direkte Depotführung bei Wikifolio ist nicht möglich. Nicht über jeden Broker können Wikifolio-Zertifikate gehandelt werden – bei Interesse ist es sinnvoll, sich vorher über die entsprechenden Möglichkeiten zu informieren.

Interessiert sich ein Copy Trader jedoch für ein Wikifolio, welches die Voraussetzungen für die Erstellung eines Wikifolio-Zertifikats nicht erfüllt, so kann er dieses dennoch seiner »Watchlist« hinzufügen. Sofern sich ein Wikifolio in der Watchlist befindet, werden dem Copy Trader alle Änderungen angezeigt und er erfährt so auch von potenziellen Umschichtungen oder Änderungen in der Portfoliozusammensetzung. Der Copy Trader könnte sich dieses Wikifolio entsprechend in Eigeninitiative bei seinem Broker zusammenstellen. Dieses Vorgehen wäre zwar mit erheblichen Kosten verbunden, welche aus der Überwachung, dem Erwerb und potenziellen Umschichtungen resultieren, ist aber dennoch denkbar.

eToro

Das im Januar 2007 gegründete Unternehmen hat sich zum Ziel gesetzt, jedermann die Welt der Anlage zu öffnen und nahe zu bringen. Im Jahr 2010 wurde mit »OpenBook« das eigentliche Social Trading auf eToro etabliert. Copy Tradern wurde es ermöglicht, an der Wertentwicklung der Portfolios von erfolgreichen Social Tradern zu partizipieren. Im weiteren Verlauf kamen immer mehr zusätzliche Angebote hinzu, wie beispielsweise der Handel mit Kryptowährungen etc. Hauptsitz des Unternehmens ist Tel Aviv in Israel. Die Investments deutscher Anleger werden über eine deutschsprachige Webseite von einem Anlagevehikel auf Zypern (EU-Lizenz) abgewickelt. Das Unternehmen plant im Jahr 2025 einen Börsengang in New York.

Die Gebührenstruktur bei eToro ist nicht ganz übersichtlich gestaltet und zudem abhängig vom jeweiligen Basiswert, der gehandelt werden soll. Das Kopieren eines Social Traders ist bei eToro ab einem Mindestbetrag von 200 US-Dollar möglich.

Bevor man in die Welt des Copy Trading eintaucht, besteht bei eToro die Möglichkeit, die Auswirkungen mit einem virtuellen Portfolio zunächst zu testen, ohne reales Geld einzusetzen.

3.4.3 Eignung von Social Trading für Anleger

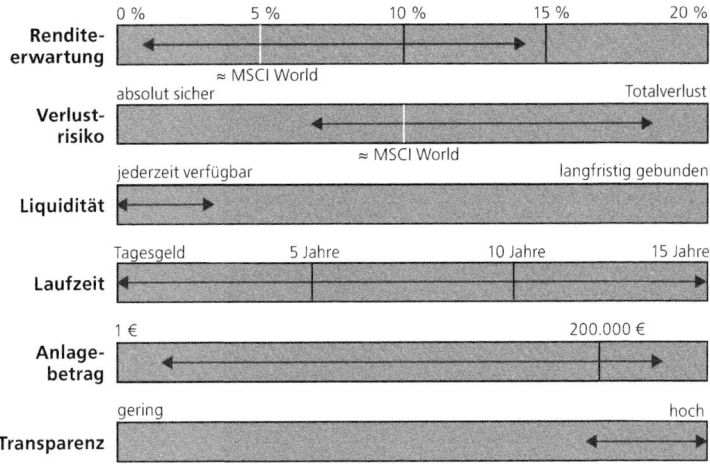

Dar. 12: Anlagecharakteristika von Social Trading

Social Trading bietet für seine Nutzer eine neue Möglichkeit, um an den Kapitalmärkten zu partizipieren. Einerseits können Social Trader bei guter Performance ihrer veröffentlichten Anlageideen zusätzliche Einnahmen erzielen. Andererseits können Copy Trader von den Anlageideen der Social Trader profitieren. Die meisten Plattformen haben ihre Produktpalette zudem von einem einfachen Finanzforum zu einem Allround-Angebot weiterentwickelt, bei dem schließlich auch die Anlage getätigt werden kann.

Die Renditeerwartungen hängen stark von den Anlagepräferenzen und der entsprechenden Risikoneigung ab. Bei einer sicherheitsorientierten

Anlage kann die Rendite geringer ausfallen, während sie bei risikoreicherer Anlage auch deutlich höher ausfallen kann. Mit steigender Risikoneigung steigt jedoch auch das Verlustrisiko. Dennoch wird das Verlustrisiko durch die Ausgestaltung der Anlagetitel als besicherte Zertifikate begrenzt. Diese Variante bieten aber nicht alle Marktteilnehmer an.

Die den Musterportfolien zugrunde liegenden Wertpapiere können durch den Copy Trader jederzeit wieder über die Börse gehandelt werden und sind demnach durch eine gewisse Liquidität gekennzeichnet. Entsprechend kann auch der Anlagezeitraum je nach Präferenz stark variieren.

Die meisten Anbieter erlauben es bereits mit einem relativ geringen Anlagebetrag (je nach Plattform 100 oder 500 €) am Social Trading zu partizipieren. Copy Trader nahezu aller Einkommensschichten haben dadurch die Möglichkeit, den Wertentwicklungen der Social Trader zu folgen.

Hervorzuheben ist schlussendlich die hohe Transparenz bei der Kapitalanlage verglichen mit traditionellen Investmentfonds. Der Anleger kann jederzeit auf der jeweiligen Plattform einsehen, welche Anlagetitel gehalten werden und welche Transaktionen getätigt wurden. Bei Investmentfonds hingegen könnte lediglich der Gesamtwert der Anlage einmal täglich eingesehen werden und weitere Informationen werden lediglich turnusmäßig veröffentlicht.

Voraussetzung dafür, überhaupt Social Trading als Anlagemöglichkeit ins Auge zu fassen, ist hinreichend Zeit, sich mit der Thematik auseinanderzusetzen. Die meisten Anleger sind mit der Analyse individueller Aktien überfordert und suchen nach Möglichkeiten, Geld mit geringem zeitlichem Aufwand renditeorientiert anzulegen. Für diese Gruppe ist Social Trading sicherlich nicht oder bestenfalls nur bedingt geeignet.

3.5 Crowdfunding

3.5.1 Überblick über die verschiedenen Varianten

Crowdfunding ist zwar erst seit ca. einem Jahrzehnt zu einem populären Begriff geworden, aber die Finanzierungsform existiert schon deutlich länger. Als Frankreich den USA 1885 die Freiheitsstatue schenkte, musste der Sockel finanziert werden, wofür die Stadt New York kein Geld zur

Verfügung stellen konnte. Der Verleger Joseph Pulitzer hat in seinen Zeitungen daraufhin zu Spenden aufgerufen und ca. 5 Monate später waren die erforderlichen 100.000 USD zusammengekommen (bestehend aus sehr vielen Kleinbeträgen wie die Anzahl der Spender von über 120.000 verdeutlicht).

Impulse hat der Crowdfunding-Markt vor allem durch die weltweite Finanzkrise sowie den US-amerikanischen JOBS Act (JOBS steht für »Jumpstart our business startups«) erhalten, ein Gesetz aus der Obama-Präsidentschaft, das Vereinfachungen für junge Unternehmen ermöglicht.

Grundsätzlich ist Crowdfunding eine Projektfinanzierung. Individuelle Kleinanleger (»Crowd«) beteiligen sich an der Finanzierung einer spezifischen Idee, eines Films, eines Musikalbums, eines jungen Unternehmens, einer Immobilie oder ähnlicher Projekte. Der Investor nimmt entweder eine Rolle als Eigentümer (wie bei einer Aktie) oder als Gläubiger (wie bei einer Anleihe) ein. Der so häufig zitierte demokratisierende Effekt von Crowdfunding besteht darin, dass Kleinanleger sich auch mit geringen Beträgen an Finanzierungen beteiligen können, zu denen sie ansonsten keinen Zugang hätten.

Allgemein unterscheidet man 4 Typen von Crowdfunding:

- Donation-based Crowdfunding: Im Prinzip handelt es sich hierbei um eine Spende, da der Kapitalgeber keine Gegenleistung erwartet. Solche Projekte weisen meist einen sozialen Charakter auf und dienen einem guten Zweck. Die Rendite besteht in dem Gefühl, etwas Gutes getan zu haben.
- Reward-based Crowdfunding: Hier erhält der Investor meist eine physische Gegenleistung für sein Geld, z. B. in Form eines Prototyps, eines Produktes des geförderten Start-ups oder einer CD für ein unterstütztes Musikprojekt. Sollte das Projekt oder Start-up ein Erfolg werden, partizipiert die Crowd jedoch nicht an der Wertentwicklung.[49]

---

49 Hierzu sei auf die Finanzierungskampage für den kalifornischen Spielehersteller Oculus verwiesen, bei dem die Investoren eine virtuelle Brille oder einen Dankesbrief erhielten, kurz bevor das über die US-Plattform Kickstarter mit ca. 2,4 Millionen USD finanzierte Unternehmen für 2,3 Milliarden USD an Facebook verkauft wurde. An der Vertausendfachung des Wertes binnen kürzester Zeit konnten die Crowd-Investoren nicht partizipieren.

- Equity-based Crowdfunding (Crowdinvesting): Die Crowd partizipiert über eigenkapitalähnliche Instrumente am Erfolg der finanzierten Projekte oder jungen Unternehmen.

- Lending-based Crowdfunding (Crowdlending): Hier geben die Investoren Kredite an Privatpersonen (P2P; person-to-person) oder Unternehmen (P2B; person-to-business) und erhalten dafür einen im voraus fixierten Zinssatz.

Für die Geldanlage kommen nur die letzten beiden Varianten in Frage. In diesem Bereich tummeln sich mittlerweile eine Vielzahl von Plattformen mit unterschiedlichen Schwerpunkten.

Eine Einlagensicherung wie bei Bankprodukten existiert hier nicht. Bei Misserfolg des finanzierten Projektes oder Unternehmens droht der Totalverlust des Anlagebetrages. Privatanleger sind aber gesetzlich insofern geschützt, als sie maximal 25.000 € pro Projekt investieren dürfen.[50] Die vorgeschriebene »Warnfloskel« von § 12 Absatz 2 des Vermögensanlagengesetzes (»Der Erwerb der hier angebotenen Vermögensanlagen ist mit erheblichen Risiken verbunden und kann zum vollständigen Verlust des eingesetzten Vermögens führen.«) findet sich an prominenter Stelle auf der Webseite jeder Plattform. Unter gewissen Umständen ist der Anbieter einer Crowdfunding-Kampagne verpflichtet, über die Vermögensanlage ein Prospekt zu erstellen. Sämtliche Prospekte können transparent auf der Internetseite der deutschen Finanzdienstleistungsaufsicht (www.bafin.de) eingesehen werden.

Das Verlustrisiko einer solchen Anlage manifestiert sich erst bei einer Insolvenz (des finanzierten Unternehmens oder der Projektgesellschaft). Für die Frage, in welcher Höhe der Anleger einen Verlust erleidet, ist der Rang entscheidend, den er im Rahmen der Verwertungskaskade einnimmt, wenn festgelegt wird, welche Ansprüche aus dem meistens geringen Restvermögen noch befriedigt werden können.

---

50 Genau genommen gibt es gemäß Vermögensanlagengesetz 3 Grenzen für die maximale Beteiligung an einem Crowdfunding-Projekt: 1.000 €, 10.000 € bei Nachweis eines frei verfügbaren Vermögens von 100.000 € und das Doppelte des monatlichen Nettoeinkommens mit einer Höchstgrenze von 25.000 €.

Exkurs: Rangfolge der Befriedigung von Ansprüchen bei Insolvenz

Kann ein Unternehmen oder eine Projektgesellschaft den Zahlungs-verpflichtungen gegenüber den Gläubigern nicht mehr nachkommen oder droht dies aufgrund von Überschuldung, liegt eine Insolvenz vor. Meist ist dann deutlich weniger Geld übrig als die Anleger investiert hatten und das Gerangel geht los. Vereinfacht gesagt wird der nach einer Insolvenz noch verfügbare Betrag nach dieser Rangfolge verteilt:

1. Gerichtskosten, Kosten der Insolvenz und des Insolvenzverwalters
2. Besicherte Bankdarlehen (häufig besichert mit Grundpfandrechten)
3. Verbindlichkeiten gegenüber Handwerkern und Lieferanten
4. Nachrangige Verbindlichkeiten (z. B. qualifizierte oder partiarische Nachrangdarlehen)
5. Darlehen der Gesellschafter (d. h. Kredite der Eigentümer an das Unternehmen)
6. Eigenkapital

Für die Frage, ob man bei einer Pleite zumindest einen Teil seines Geldes wiedersieht, ist die genannte Rangfolge entscheidend: je weiter oben, desto besser!

Crowdfunding-Anbieter müssen zu den Projekten jeweils ein Informa-tionsblatt veröffentlichen, aus dem der Anleger die wesentlichen Risiken erkennen kann. Informieren kann man sich auch über einschlägige Foren, in denen Nutzer ihre Erfahrungen mit bestimmten Instrumenten oder spezifischen Plattformen teilen. Man muss nicht jedes dort publizierte Wort auf die Goldwaage legen, aber man erhält einen relativ guten und zeitnahen Überblick über aktuelle Entwicklungen.

Kosten für die Investoren entstehen bei den Anbietern in den meisten Fällen keine. Die Plattformen finanzieren sich über Gebühren der kapitalsuchenden Unternehmen bzw. Projekte. Ein in der Regel kleiner zweistelliger Prozentanteil am Volumen wird hierbei einbehalten.

Ähnlich wie andere Plattformen haben auch Crowdfunding-Anbieter zunächst eher auf jüngere, internetaffine Kunden gesetzt, die nur kleinere

Beträge einzusetzen haben (Studierende, Berufsanfänger, Auszubildende etc.). Jedoch hat sich gezeigt, dass sich auch bei Crowdfunding das gesamte Altersspektrum beteiligt.

3.5.2 Crowdinvesting

Investoren können sich in Deutschland seit 2011 mit wenigen Klicks über Crowdinvesting-Plattformen an vielversprechenden jungen Unternehmen und Projekten beteiligen. Seither ist der Markt dynamisch gewachsen und Immobilienfinanzierungen haben den Start-up-Beteiligungen den Rang abgelaufen.

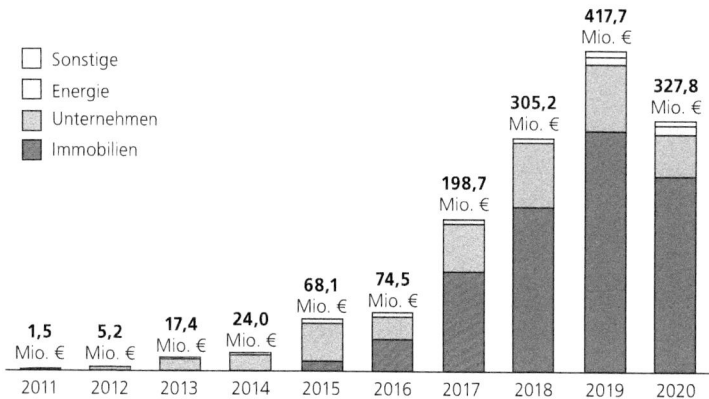

Dar. 13: Crowdinvestments in Deutschland 2011–2020 nach Schwerpunkten (Quelle: Crowdinvest.de: Crowdinvest Marktreport 2020 Deutschland, S. 6)

Diese Verschiebung liegt wohl vor allem an den sehr unterschiedlichen Ausfallraten der beiden Varianten. Auch wenn bei beiden Investitionsschwerpunkten (Start-ups und Immobilien) das Risiko eines Totalverlustes besteht, so ist dieser bei der Finanzierung junger Unternehmen um ein Vielfaches höher, da bei Immobilien ein Sachwert als Sicherheit das Risiko zumindest einschränkt.

2020 lag das Finanzierungsneugeschäft pandemiebedingt unterhalb des Rekordwertes aus dem Jahr 2019 von über 400 Millionen Euro. Die Finanzierung von Immobilien dominiert mit knapp 80 % den Markt. Crowdinvesting für Start-ups fällt mittlerweile mit einem Marktanteil von unter 20 % deutlich zurück.[51]

Auch wenn der Begriff »Equity-based Crowdfunding« suggeriert, dass hier eine Beteiligung in Form von Eigenkapital eingegangen wird, so ist die dominierende Finanzierungsform ein sogenanntes partiarisches Nachrangdarlehen, ein Hybridkonstrukt zwischen Eigen- und Fremdkapital, das in der Regel mit einer festen Verzinsung verbunden ist.

- Der Nachrang bedeutet in dem Zusammenhang, dass die anderen Schuldner im Falle der Insolvenz vor der Crowd aus der Insolvenzmasse bedient werden. Der Investor erhält also im Fall der Pleite des Unternehmens bzw. Projekts in der Regel keine Rückzahlung, da alle im Rang vor ihm stehenden Kreditgeber (meistens Banken) die verfügbaren Mittel bereits vereinnahmen und nach deren Befriedigung selten noch etwas übrig ist, was an die Nachranggläubiger verteilt werden könnte.
- Der Begriff »partiarisch« zielt auf die Gewinnabhängigkeit des Instruments. Der Investor partizipiert demnach am Gewinn und erhält nur dann die vereinbarte Zinszahlung, wenn auch tatsächlich ein Gewinn erwirtschaftet wurde.

Vom Gesetzgeber aus Gründen des Anlegerschutzes bewusst gesetzte Grenzen schränken die Möglichkeit der Plattformen ein, Investments an Privatpersonen zu vermitteln. Hierfür ist normalerweise ein Prospekt erforderlich, aus dem die wesentlichen Informationen und vor allem Risiken eines Finanzinstruments ersichtlich sind. Als Ausnahme regelt § 2 des Vermögensanlagengesetzes jedoch, dass bei über Crowdinvesting-Plattformen vermittelten Finanzierungen in Form von partiarischen oder sonstigen Nachrangdarlehen keiner Prospektpflicht bedürfen. Hier reicht ein bei der Finanzaufsicht eingereichtes, maximal dreiseitiges Vermögensanlagen-Informationsblatt (im Prinzip vergleichbar mit einem Beipackzettel für Medikamente), das auch die Anleger über die Webseite

---

51 Aktuelle Zahlen auf Gesamtmarktebene sind nicht ohne weiteres verfügbar, seit die Datenbank Crowdinvest.de 2022 ihre Aktivitäten eingestellt hat. Das Statistische Bundesamt geht aber in einer Prognose von einer stetigen Steigerung des Crowdinvesting-Marktes bis 2028 aus.

des Anbieters einsehen können. Als Konsequenz bedeutet dies jedoch, dass es kaum Alternativen für Plattformen zum (partiarischen) Nachrangdarlehen gibt. In der oben dargestellten Reihenfolge der Befriedigung von Investorenansprüchen bei Insolvenz nimmt das Nachrangdarlehen eine der hinteren Positionen ein und weist dementsprechend ein nicht unerhebliches Risiko auf.

3.5.2.1 Crowdinvesting in Start-ups

Die Finanzierung von jungen Unternehmen

Für eine Volkswirtschaft ist es von hoher Bedeutung, dass neue Geschäftsideen Innovationen und damit in der Folge auch Beschäftigung fördern. Allerdings war die Anzahl an Unternehmensgründungen in Deutschland viele Jahre rückläufig, wobei sich der Trend seit wenigen Jahren gedreht hat. Mittlerweile entfallen fast zwei Drittel der Existenzgründungen auf internetbasierte und digitale Geschäftsmodelle.

Hierzulande gibt es mittlerweile nicht wenige Gründerwettbewerbe und Ideenstipendien, die junge Unternehmer fördern. Darüber hinaus bieten Hochschulen und Gründerzentren eine kreative Atmosphäre, aus der geschäftliche Ideen entstehen und die die Rahmenbedingungen für erfolgreiche Gründungen in Form von Infrastruktur und Netzwerken zur Verfügung stellen können.[52]

Wer eine vielversprechende Idee hat und auf dieser Basis ein Unternehmen aufbauen möchte, braucht zur Umsetzung Kapital. Hierbei stehen einige Möglichkeiten zur Disposition:

- Zu Beginn wird der Gründer vermutlich auf eigene Mittel und solche aus seinem direkten Umfeld zurückgreifen (F&F oder Family and Friends)[53].
- Business Angels sind Privatpersonen, die in einer frühen Phase der Geschäftsidee eine Beteiligung an dem Start-up eingehen und damit

---

52 Solche Gründungsunterstützung wird häufig als Inkubator oder Akzelerator bezeichnet.

53 Da viele solche Geschäftsideen scheitern, wird diese Gruppe häufig auch als »FFF oder Family, Friends and Fools« bezeichnet.

Miteigentümer werden. Sie analysieren im Vorfeld den potenziellen Wert des Unternehmens genau und wenn sie eingestiegen sind, bringen sie ihr eigenes Know-how und ihr Netzwerk an Geschäftskontakten zum Nutzen des jungen Unternehmens mit ein.

• Venture-Capital-Gesellschaften steigen entweder bei Gründung (Micro Venture) oder in einer frühen Wachstumsphase mit einer Beteiligung ein. Diese Wagniskapitalgeber unterstützen die Geschäftsidee mit eigener Managementkapazität und Marktexpertise, um die zielgemäße Entwicklung des Unternehmens sicherzustellen und zu beschleunigen. Fehleinschätzungen und Verluste sind hier nie auszuschließen, aber auf Basis einer detaillierten Analyse der Idee und der Persönlichkeiten der Gründer im Griff zu behalten.

• Kleinanleger haben nur über Crowdinvesting-Plattformen die Möglichkeit, in dieses Segment zu investieren, zu dem sie sonst keinen Zugang hätten.

Die Sendung »Die Höhle der Löwen« ist eine fernsehgerecht aufbereitete Kapitalsuche von Start-ups, bei der renommierte Investoren auf Basis von sogenannten Pitches (kurze Darstellung des Geschäftsmodells und der Zukunftsaussichten)[54] direkt entscheiden, ob sie sich an einem Unternehmen beteiligen oder nicht. In der Realität ist für Start-ups das Matching mit Investoren jedoch deutlich schwieriger und vor allem langwieriger. Eine vollständig realistische Darstellung kann das Format gar nicht sein, vermittelt aber zumindest einen ersten Eindruck. Die Investoren der Sendung fungieren bei erfolgreicher Verhandlung dann als Business Angels.

Crowdinvesting Plattformen mit Start-up-Schwerpunkt

In Deutschland sind mittlerweile über 100 Plattformen aktiv, die sich ausschließlich oder teilweise der Finanzierung von jungen Unternehmen

---

54 Bei einem Pitch stellt ein Vertreter des Start-ups (meistens der oder die Gründer) die wesentlichen Informationen zur Geschäftsidee und zum Entwicklungspotenzial vor, mit dem Ziel, die anwesenden Interessenten von der Zukunftsfähigkeit des Unternehmens zu überzeugen und dazu zu bringen, Kapital zu investieren, mit dem das Unternehmen weiter wachsen kann. Solche Pitches dauern oft nur 5 oder 10 Minuten, so dass nur die Aspekte von herausgehobener Bedeutung überhaupt Erwähnung finden können.

verschrieben haben. Der Markt ist stark umkämpft. So sind fast genauso viele Plattformen schon wieder vom Markt verschwunden oder haben ihr Geschäftsmodell geändert und vermitteln jetzt Anlagen in Immobilien oder anderen Projekten.

Das Geschäft fällt in die Kategorie P2B (Peer-to-Business), bei der junge Unternehmen Kapital aufnehmen und von einer Vielzahl von gleichberechtigten Privatpersonen (»peers«) finanziert werden. Einige Anbieter weisen ein breiteres Geschäftsmodell auf und bieten auch Finanzierungen mit anderen Schwerpunkten an, so dass die Grenzen zum Crowdlending und ähnlichen Formen des Kreditgeschäfts fließend sind.

Die meisten Plattformen sind ausschließlich in Deutschland, in einigen Fällen auch noch in Österreich aktiv. Einige wenige Anbieter nehmen Geschäftsopportunitäten in weiteren Ländern wahr, ohne eine entsprechende paneuropäische Strategie zu verfolgen. Nur die größeren Plattformen streben eigenen Angaben zufolge eine Expansion in andere europäische Länder an.

Der Prozess einer Crowdinvesting-Kampagne ist bei den Plattformen sehr ähnlich strukturiert:

• Die um eine Finanzierung nachsuchenden jungen Unternehmen wenden sich an die Plattform und auf Basis eines eingespielten Verfahrens, dessen Details nicht offengelegt werden, da sie den Kern des Geschäftsmodells darstellen, wird eine Risikoeinschätzung vorgenommen. In dieser Phase werden bereits die meisten der Finanzierungsanfragen abgelehnt.

• Wenn die Plattform zur Einschätzung kommt, dass das Start-up von einem guten Gründerteam geführt wird, entsprechendes Know-how vorhanden ist, das Produkt (liegt meist als Prototyp vor) hinreichendes Potenzial aufweist und die Chance auf eine Skalierung des Geschäftsmodells besteht, dann wird das Projekt den Nutzern der Webseite zur Investition angeboten.

• Um ein Angebot zur Zeichnung abgeben zu können, müssen die Anleger bei der Webseite registriert sein und sich vorher identifiziert haben.[55]

---

55 Die Identifikation ist aus Gründen der Geldwäschebekämpfung und aus steuerlichen Gesichtspunkten zwingend.

- Die Zahlungen laufen in der Regel über ein Treuhandkonto. Das Start-up erhält den Finanzierungsbetrag von diesem Treuhandkonto erst dann, wenn das festgelegte Mindestvolumen erreicht ist (sogenannte Fundingschwelle).

Normalerweise ist der gesamte Prozess vollständig online konzipiert, so dass auch die Verträge elektronisch unterzeichnet und versandt werden. Bei vielen Webseiten merkt man aber trotz aller Digitalisierung auch, dass sie selbst erst seit wenigen Jahren existieren. So finden sich manchmal widersprüchliche oder voneinander abweichende Informationen auf unterschiedlichen Seiten des Internetauftritts.

Selbstverständlich besteht bei jedem Crowdinvesting-Projekt im schlimmsten Fall die Gefahr des Totalverlusts des eingesetzten Geldes, jedoch liegt die Ausfallrate bei Start-up-Plattformen in der Größenordnung von einem Drittel der finanzierten Unternehmen. Es sind bei den überlebenden Start-ups schon erhebliche Wertsteigerungen nötig, wenn der Anleger trotz solcher Ausfallraten noch ein positives Anlageergebnis erzielen will.

Für diese hohen Ausfallraten sind vor allem drei Hauptgründe ursächlich:

- Vielversprechende Start-ups werden i. d. R. von Venture-Capital-Gesellschaften oder Business Angels finanziert, die neben Geld auch noch ihr umfangreiches Netzwerk und ihr Know-how zur Verfügung stellen. Junge Unternehmen wenden sich meist erst dann an Crowdinvesting-Plattformen, wenn sie keine andere Möglichkeit der Geldaufnahme sehen.[56] Da die Crowd keine entsprechende Unterstützung bieten kann, ist eine solche Finanzierung für Start-ups weniger erstrebens-

---

56 Es gibt tatsächlich eine signifikante Ausnahme: Die britische Internetbank Revolut, die nach einer Transaktion Mitte 2024 auf einen Unternehmenswert von 45 Milliarden USD geschätzt wird) erreicht hat, hat zusätzlich zu diversen anderen Geldquellen auch auf Crowdinvesting (über die Plattformen Crowdcube und SEEDRS in Großbritannien) gesetzt – dies jedoch weniger, um noch ein paar zusätzliche britische Pfund an Kapital einzusammeln, sondern eher als Marketinginstrument, um das Angebot der Neobank bei internetaffinen Privatpersonen bekannter zu machen, die häufig bei Schwarmfinanzierungsplattformen registriert sind.

wert. Bei den Crowdinvesting-Plattformen werden daher vorwiegend Projekte angeboten, die bei interessanteren Geldgebern abgeblitzt sind. Der Ökonom spricht in diesem Zusammenhang von adverser Selektion.

• Die Finanzierung von Start-ups ist ein risikoreiches Geschäft, bei dem immer mit Ausfällen zu rechnen ist. Von zentraler Bedeutung ist daher die Risikovorauswahl der Plattformen, denn die Crowd verfügt nicht über das notwendige Know-how, Geschäftsmodelle von jungen Unternehmen zu analysieren und deren Erfolgschancen zu prognostizieren. Gerade die Tatsache, dass fast 10 % aller Unternehmen schon innerhalb des ersten Jahres nach der Finanzierungsrunde ausfallen, wirft kein gutes Licht auf die Selektionsverfahren der Plattformen. In Einzelfällen kommt es auch zu Betrugsfällen, die jedoch kaum durch entsprechende präventive Maßnahmen zu antizipieren sind.

• Das Geschäftsmodell der Plattformen zeigt ein ökonomisches Dilemma. Wenn sie eine sehr restriktive Auswahl der Start-ups vornehmen, die den Investoren präsentiert werden, dann beschränken sie die Auswahl der Investoren, die dann ggf. zu anderen Plattformen abwandern und reduzieren gleichzeitig ihre Gebührenerlöse (die fast ausschließlich von dem finanzierten Volumen abhängen). Wenn Sie dagegen sehr viele hochriskante Geschäftsideen auf ihrer Webseite bewerben, die dann im Nachgang zu Totalverlusten führen, werden ebenfalls Investoren abwandern. Die richtige Balance zu finden ist daher für die Plattformen die wirkliche Kunst.

Der hier relevante Teilmarkt der Vermittlung von eigenkapitalähnlichen Finanzierungen für junge Unternehmen wird in Deutschland von den beiden Marktführern Seedmatch und Companisto dominiert, die bisher zusammen ca. zwei Drittel aller Projekte vermittelt haben. Nachfolgende Tabelle gibt einen Überblick über wesentliche Parameter der beiden größten Plattformen (diese können bei einzelnen Finanzierungen auch abweichen, aber in der Tabelle wird der Standard dargestellt).

Die Anzahl der Investoren wird von den Plattformen selbst angegeben. Ob der Wert tatsächlich der Anzahl der Privatpersonen entspricht, die mindestens ein Investment gezeichnet haben oder nur die Registrierten umfasst, kann je nach Webseite unterschiedlich sein. Darüber hinaus dürften in den Werten diejenigen Personen eingeschlossen sein, die über andere Instrumente bei den Plattformen investiert haben.

Dar. 14: Überblick Charakteristika Crowdinvesting-Plattformen für Start-ups (Quelle: Webseiten der beiden Unternehmen, Stand Dezember 2024)

	Seedmatch	Companisto
Investoren/registrierte Nutzer	ca. 84.000	ca. 164.000
Mindest- Investitionssumme	250 €	250 €
Verzinsung	Basisverzinsung bis zu 8 % endfällig, gewinnabhängige Bonuszinsen, erfolgsabhängige Zahlung bei Vertragsende	Keine feste Verzinsung, gewinnabhängige Zahlungen (Dividende), erfolgsabhängige Zahlung bei Exit
Anzahl finanzierter Projekte	195	378
Finanziertes Volumen	78 Mio. €	ca. 262 Mio. €

Laufzeiten können hier seriös nicht dargestellt werden, da es sich um eigenkapitalähnliche Investments handelt, die keinerlei Fälligkeitstermin aufweisen. Partiarische Nachrangdarlehen haben meist eine Mindestlaufzeit (häufig 4 oder 5 Jahre) und können dann einseitig (d. h. vom Gläubiger) gekündigt werden. Darüber hinaus besteht jederzeit die Möglichkeit, dass das Unternehmen ein Rückkaufsangebot unterbreitet oder an einen neuen Eigentümer verkauft wird. Zwar wird bei vielen Plattformen angegeben, dass der Exit in 4 bis 8 Jahren angestrebt wird, aber das ist bestenfalls eine sehr vereinfachte Schätzung (verbunden mit Hoffnung).

In der Regel muss sich der Investor in spe bei der jeweiligen Plattform registrieren, um einen vollumfänglichen Satz an Informationen zu erhalten. Einige Daten, z. B. Businesspläne, sind nicht frei öffentlich zugänglich, sondern stehen nur nach Eingabe der persönlichen Einwahldaten zur Verfügung.

In der Vergangenheit ist häufig die Transparenz der Plattformen bei Problemen mit bestimmten Finanzierungsprojekten kritisiert worden. So werden Informationen zu Ausfällen häufig nur auf Anfrage und nicht öffentlich, für alle Investoren zugänglich, über den Webauftritt kommuniziert. Auf den Internetseiten der Plattformen sind meistens nicht nur die aktuellen, sondern zu Informations- und Werbezwecken auch die historischen Projekte aufgelistet. Hier findet man teilweise noch Jahre nach der Insolvenz des finanzierten Start-ups die Bemerkung »erfolgreich finanziert« und oft keinerlei Hinweise auf Probleme oder Totalverlust.

Seedmatch

Der Branchenpionier aus Dresden ist im Jahr 2011 gestartet und wirbt auf seiner Webseite mit einer durchschnittlichen Rendite von 16 % und einer wissenschaftlichen Fundierung dieses Wertes. Allerdings verfälschen einige der Annahmen dieses Ergebnis. Seedmatch ist jedoch definitiv die Plattform, die die erfolgreichsten Exits (als Exit versteht man den Verkauf des Unternehmens an ein anderes Unternehmen oder sogar einen Börsengang) realisiert hat, so dass die Crowd an sehr positiven Projekten partizipieren konnte. Beispielhaft sei hier das Start-up Leaserad (Leasing von Dienst-Fahrrädern statt Dienstwagen) genannt, das 2012 insgesamt gut 300.000 € aufgenommen und nach wenigen Jahren die Finanzierungen zurückgekauft hat – zu einem Preis von über 5 Millionen Euro. Immer wieder wird bei Investoren ob solcher exorbitanter Renditen Interesse geweckt, aber Gier ist kein guter Ratgeber, denn solche Entwicklungen sind überaus selten.

Im Bereich des Startup-Crowdfunding bietet Seedmatch 2 Ausgestaltungsvarianten an: Seed Investment und Seed Investment 2.0, die sich im Wesentlichen durch die Basisverzinsung unterscheiden – das alte Modell sieht 1 % p. a. Basisverzinsung am Ende der Laufzeit vor, das neue Produkt 8 % (die jedoch mit einer Bonuszinszahlung bei erfolgreichem Exit verrechnet werden).

Beispielhaft für die von Seedmatch vermittelten Start-up-Finanzierungen seien 6 Projekte aus dem September 2024 genannt, die in genau dieser Form auch auf der Webseite der Plattform zu sehen waren.

Wer sich für ein spezifisches Investment interessiert, erhält mit einem Klick zusätzliche Informationen über Geschäftsmodell, Prognosen etc. – und auch einen Pitch in Form eines Youtube-Videos. Dort, wo in der rechten oberen Ecke des Thumbnails »Endspurt« steht, ist das Ende der Zeichnungsfrist fast erreicht.

Dar. 15: Auswahl von Finanzierungsprojekten auf der Plattform Seedmatch (Quelle: www.seedmatch.de, September 2024)

Über Seedmatch kann der Anleger auch sogenanntes Venture Debt zeichnen. Vom Prinzip her handelt es sich meist um 4 bis 5 Jahre laufende Kredite an junge Unternehmen mit Wachstumsambitionen, die bereits Gewinne erwirtschaften oder dies in absehbarer Zeit bewerkstelligen werden. Hinzu kommt ein für Crowdinvesting typischer Bestandteil, eine Möglichkeit zur Partizipation an einer positiven Entwicklung des Unternehmens, indem der Anleger einen sogenannten »Venture Kicker« erhält, der an die Generierung von zusätzlichem Umsatz gekoppelt ist. Von den in Darstellung 15 genannten 6 Start-ups, bei denen Investoren für eine eigenkapitalähnliche Partizipation gesucht werden, finden sich 2 auch bei Venture Debt wieder, d. h. für die Unternehmen werden gleichzeitig zwei Finanzierungsformen vermittelt.

Seedmatch ist Teil der Unternehmensgruppe OneCrowd, die daneben weitere Crowdinvesting-Plattformen betreibt: Econeers für nachhaltige Projekte (z. B. Bio-Brot, aber es gibt auch Projekte, die auf beiden Webseiten beworben werden – Econeers und Seedmatch) und Mezzany für Immobilieninvestments, die beide jedoch von untergeordneter Bedeutung sind. In dieser Konstellation kann die Unternehmensgruppe mehrere Crowdfunding-Segmente besetzen.

Da der Markt sich nach ca. 10 Jahren etabliert hat, sind erste Schlussfolgerungen über die unterschiedlichen Plattformen möglich. Bislang war Seedmatch – aus der Perspektive der Investoren – die erfolgreichste Plattform und hat den Ausfällen wenigstens kompensierende Erfolgsgeschichten entgegensetzen können. Die Position des Marktführers auf Basis des Finanzierungsvolumens hat Seedmatch aber schon vor einigen Jahren an Companisto verloren.

Companisto

Damit sich ein Anleger eine Vorstellung von der Darstellung auf der Webseite machen kann, sei auch hier ein Ausschnitt über 3 Projekte dargestellt. Auf den Kacheln sind so viele Informationen über das Geschäftsmodell zu sehen, dass eine weitere Darstellung an dieser Stelle nicht vonnöten ist.

Dar. 16: Auswahl von Finanzierungsprojekten auf der Plattform Companisto (Quelle: www.companisto.com, September 2024)

Auch bei der 2012 gegründeten Berliner Plattform Companisto kann sich der Anleger mit einem Klick weitere Informationen besorgen. Die Darstellung ist etwas ansprechender gehalten als bei Seedmatch. Die Informationen zum Projekt umfassen neben dem Pitchvideo auch eine Unternehmensbewertung und eine Risikoklasse (Einstufung in intern ermittelte Kategorien von A bis E). Mit welchen Methoden und unter welchen Annahmen die Unternehmensbewertung zustande kommt, wird nicht offengelegt.

Companisto setzt nicht mehr auf die hybride Konstruktion des partiarischen Nachrangdarlehens, sondern auf echte Eigenkapital-Beteiligungen, die über GmbH-Anteile oder Aktien umgesetzt werden. Companisto hat darüber hinaus die Vertragskonstellationen an den Wagniskapitalmarkt angepasst und strebt an, die Crowd gemeinsam mit Venture-Capital-Unternehmen und Business Angels an der Finanzierung eines Start-ups zu beteiligen. Dadurch wird der oben beschriebene Aspekt der adversen Selektion zumindest deutlich reduziert.

Darüber hinaus bietet die Plattform für Investoren, die mehr als 25.000 € anlegen möchten, den sogenannten »Business Angel Club« an, bei dem finanzstarke Anleger sich mit entsprechend höheren Beträgen an Projekten beteiligen (die dann aber nicht der Crowd als Investitionsalternative zur Verfügung stehen) können. Bei Unternehmen, die z. B. aufgrund des Nachhaltigkeitsaspekts ihres Geschäftsmodells förderwürdig sind, kann der Investor mit 15 % Zuschuss rechnen, d. h. muss nur netto 85 % des Volumens an eigenen Mitteln einbringen. Dieser Zuschuss zur Beteiligung wird über das INVEST-Programm des Bundesamtes für Wirtschaft und Ausfuhrkontrolle (BAFA) abgewickelt.

Was die Umsätze anbetrifft, so geht Companisto einen etwas anderen Weg als die meisten Wettbewerber und beansprucht Anteile von beiden Partnern (Start-up und Anleger) Hier wirbt Companisto mit dem Slogan »We win if you win!«, was in zwei Richtungen funktioniert:

- bei erfolgreicher Finanzierungsvermittlung erhält die Plattform 15 % der Investitionssumme vom Start-up und darüber hinaus 0,65 % jährliche Verwaltungspauschale.
- Auf Seiten des Investors erhält Companisto einen 15 %-igen Anteil an den ausgeschütteten Beträgen.

Damit ist zumindest der oben angesprochene Interessenkonflikt etwas entschärft.

Companisto hat sich in den letzten Jahren hinsichtlich des Finanzierungsvolumens sehr positiv entwickelt und ist zum Marktführer in Deutschland
geworden. Dies dürfte nicht zuletzt daran liegen, dass das Unternehmen
sein Beteiligungsmodell weiterentwickelt und mit dem neuen Vergü-
tungsmodell den Interessenausgleich zwischen den Beteiligten stärker
fokussiert.

Auch die Transparenz hat sich in den letzten Jahren deutlich ver-
bessert. Gab es noch vor einigen Jahren wenige bis gar keine Informationen zu Ausfällen, so sind die Entwicklungen der historischen Finanzie-
rungsprojekte mittlerweile prominent auf der Webseite dargestellt.

Als Investor muss man sich klarmachen, dass neben dem Totalverlustrisiko jedes einzelnen Projekts im Erfolgsfall durch das zweistufige
Gebührenmodell gewisse Renditeanteile an die Plattform verloren gehen.

Start-up-Crowdinvesting: Eignung für Anleger

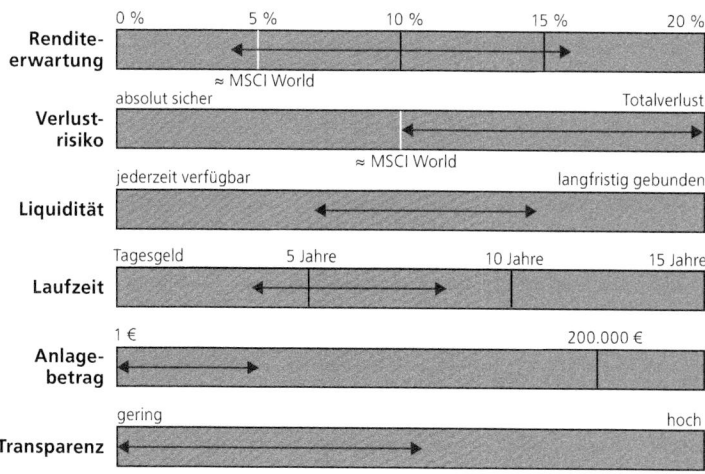

Dar. 17: Anlagecharakteristika von Crowdinvesting für Start-ups

Die von den Plattformen angegebenen historischen Renditen im zweistelligen Bereich beruhen auf positiven Annahmen über die Weiterentwicklung noch laufender Projekte. Bei Einzelprojekten sind Totalausfälle
bei jeder dritten Finanzierung zu verzeichnen und selbst im Rahmen

eines diversifizierten Portfolios besteht erhebliche Verlustgefahr. Je nach Zusammensetzung des Portfolios sind durchaus hohe, bei viel Pech und schlechter Auswahl aber auch negative Renditen möglich.

Mit einer Entscheidung, in ein Start-up zu investieren, legt man sein Geld mindestens mittelfristig und in illiquider Form an. Trotz der von den Plattformen angekündigten Sekundärmärkte ist nicht sichergestellt, dass man während der Laufzeit Käufer für sein Investment zu einem halbwegs vertretbaren Preis findet.

Die Art und Weise, wie die Plattformen mit den Anlegern kommunizieren, wird oft kritisiert. Ein regelmäßiger, wirklich transparenter Blick auf die Unternehmen, an denen man sich beteiligt hat, wird nicht wirklich durchgängig geboten.

Insgesamt ähnelt der noch junge Markt für Crowdinvesting, der sich durchaus noch positiv entwickeln kann, ein wenig einer Lotterie oder einem Abend im Spielcasino. Durch den in der Regel überschaubaren Geldeinsatz kann der Verlust verschmerzt werden, aber die Aussicht auf Millionengewinne in Lotterien oder die Auszahlung des 36-fachen Einsatzes beim Roulette locken ebenso wie die Hoffnung auf ein Start-up mit Potenzial (sozusagen »das nächste Google«) Spielernaturen an. Aber für Kleinanleger ist es genau so schwierig, das nächste Start-up mit Entwicklungspotenzial zum Weltunternehmen auszusuchen wie die richtigen Lottozahlen zu tippen. Risikoaverse Anleger sollten auf andere Investitionsmöglichkeiten setzen.

3.5.2.2 Crowdinvesting in Immobilien

Marktüberblick

Im Immobilienbereich gibt es in Deutschland einen bekannten Pionier der Plattformökonomie. Gegründet vor über 25 Jahren, hat sich Immobilien Scout als Vermittler von Immobilien (Kauf und Miete) etabliert. Viel später erst hat die Digitalisierung in der Finanzierung Einzug gehalten. Mittlerweile sind in diesem Segment aber eine zweistellige Anzahl von Plattformen aktiv.

Die Finanzierungen, die im Crowdinvesting für Immobilien angeboten werden, befinden sich ausschließlich im Bereich des sogenannten Nachrangs. Grob gesagt, definiert sich der Erstrang bis zu einem Wert von 60 %

der Immobilie.[57] Dieser für die Einschätzung des Risikos einer Immobilienfinanzierung wichtige Prozentwert wird Loan-to-Value (LTV) genannt und entspricht dem Verhältnis von Kreditbetrag zum Wert der Immobilie.

Im Erstrang stellen üblicherweise Banken Kredite zur Verfügung, teilweise auch über diese Grenze hinaus. Crowdinvesting-Anleger kommen erst danach, beim Nachrang ins Spiel, wofür der Initiator des Bauvorhabens dann einen höheren Zinssatz verspricht als im erstrangigen Bereich.

Als Finanzierungsinstrumente im Nachrangbereich finden sich normale Darlehen, nachrangige Darlehen und Eigenkapital. Die in Darstellung 18 genannten Grenzen im rechten Teil der Graphik sind grobe Anhaltspunkte und variieren von Projekt zu Projekt.

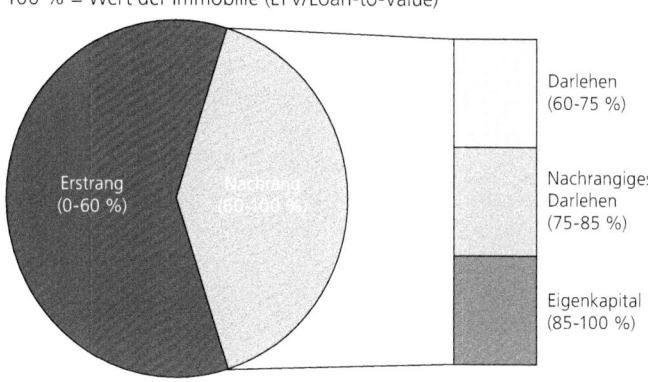

Dar. 18: Überblick Stufen der Immobilienfinanzierung

Auch wenn Crowdinvesting normalerweise mit einem eigenkapitalähnlichen Finanzierungsaufbau einhergeht, gibt es solche Projekte bei der Immobilienfinanzierung über die Crowd in der Regel nicht. Es handelt

---

57 Streng genommen bezieht sich diese 60-Prozent-Grenze auf den sogenannten Beleihungswert der Immobilie, die wir aber aus Vereinfachungsgründen mit dem aktuellen Verkehrswert ungefähr gleichsetzen. Man geht davon aus, dass bei einer eventuellen Verwertung der Immobilie als Darlehenssicherheit auch bei einer schlechten Entwicklung des Immobilienmarktes praktisch immer 60 % des ursprünglichen Wertes der Immobilie erlöst werden können, so dass ein Kreditgeber keine Kapitalverluste erleidet.

sich also immer um darlehensähnliche Strukturen. Das Eigenkapital kommt in der Regel vom Bauträger. Dies stellt erst dann ein Problem für den Anleger dar, wenn es zu einem Ausfall kommt. Dabei werden dann zunächst die Erstrang- vor den Nachranggläubigern befriedigt. Wird für ein Crowdinvesting-Projekt ein nachrangiges Darlehen vergeben, werden auch die »normalen« Darlehensgeber vorab aus der Insolvenzmasse bedient. Es sollte also deutlich geworden sein, dass der höhere Zins eines solchen Investments auch mit einem höheren Risiko erkauft wird.

Auch in diesem Markt ist das Instrument des Nachrangdarlehens die Norm, so dass für den Anleger wenig Schutz vor einem Totalverlust besteht, wenn das Projekt nicht zielkonform abgewickelt wird. Vorteilhaft gegenüber Start-up-Investments ist allerdings, dass Immobilien eine Sachwertanlage darstellen und auch bei Misserfolgen immer noch ein Restwert zur Verteilung an die Investoren zur Verfügung stehen kann.

Das Instrument des Nachrangdarlehens ermöglicht es Bauträgern und Projektentwicklern, auch mit überschaubarem Eigenkapital Bankkredite für mehrere gleichzeitige Bauvorhaben zu bekommen, da durch den Nachrangcharakter des Instruments die Banken einen nicht unerheblichen Teil des Risikos an die Crowd-Investoren abgeben.

Es gibt jedoch mehrere Mechanismen zur Absicherung des Rückzahlungsrisikos:

- Für die Mikroinvestoren wird eine Grundschuld im Grundbuch eingetragen, meistens jedoch im Nachrangbereich.
- Im Rahmen einer Gewinnabtretungserklärung werden sämtliche Erlöse aus dem Objekt (z. B. Verkäufe von Eigentumswohnungen) an einen Treuhänder abgetreten und können nicht vom Projektentwickler frei verwendet oder entnommen werden.
- In manchen Fällen legen die Projektträger eine selbstschuldnerische und notariell beglaubigte Bürgschaft vor.

Kleinanleger haben in der Regel weder Expertise noch Möglichkeiten, die Bonität bzw. Solidität des Projektentwicklers oder die Qualitätsfaktoren (Bevölkerungs- und Immobilienpreisentwicklung etc.) der Mikrolage einzuschätzen. Sie sind daher auch hier auf die Risikobeurteilung der Plattformen angewiesen.

Bisher war die Anzahl der Ausfälle in diesem Segment recht überschaubar. Hier können allerdings aufgrund des hybriden Charakters der Finanzierung Ausfälle üblicherweise nicht durch sehr positive Entwicklungen bei einem anderen Projekt kompensiert werden, da die Investoren feste Zinsen und nur gelegentlich einen Anteil an über dem Plan liegenden Verkaufserlösen erhalten.[58]

Die Zinssätze liegen deutlich über denen für traditionelle Anlagen – und das bei meist relativ kurzen Laufzeiten. Darüber hinaus erlauben die geringen Mindestinvestitionssummen eine Streuung der Anlagen über verschiedene Immobilientypen und Regionen.

Hier könnte man als Anleger misstrauisch werden und sich die Frage stellen, weshalb ein Immobilienunternehmen für eine über die Crowd vermittelte Finanzierung deutlich höhere Zinsen zahlt als für einen entsprechenden Bankkredit. Sicherlich sind Banken in der Kreditvergabe in den letzten Jahren aufgrund von regulatorischen Anforderungen restriktiver geworden, vor allem aber spielt für Projektentwickler das Thema Zeit eine wesentliche Rolle. Die Prüfung der Bonität des Kreditnehmers und der gestellten Sicherheiten dauert bei einem etablierten Kreditinstitut häufig so lange, dass sich eine unter Umständen interessante Marktopportunität nicht mehr realisieren lässt. Um sich also die Geschäftsmöglichkeiten zu erhalten, nutzen Immobilienentwickler und Bauträger gerne diese relativ teure Form der Zwischenfinanzierung, die ihnen hinreichend Zeit gibt, um über einen langfristigen Bankkredit zu verhandeln.

Wie bei der Finanzierung von Start-ups gilt auch hier, dass Auszahlungen an die Projektentwickler erst ab Erreichen der Fundingschwelle erfolgen. Einige Plattformen geben jedoch eine Finanzierungsgarantie ab und nutzen zur Deckung der Lücke Partnerunternehmen.

Der Immobilienboom in Deutschland ist ungebrochen, auch wenn die Bewertungen von Gebäuden und Grundstücken durch die Zinserhöhungen der EZB zur Bekämpfung der Inflation etwas gelitten haben. Zwar werden sich insbesondere im Bürosegment aufgrund der Corona-Pande-

---

58 Bei einem Start-up-Investment kann ein Totalausfall bei einer Anlage mit einer Verdopplung des Wertes einer anderen Anlage ausgeglichen werden. Erhält man aber statt Wertzuwächsen feste Zinsen, so benötigt man eine Vielzahl positiv laufender Projekte, um einen Verlust bei einem anderen Projekt wiedergutzumachen.

mie und der damit verbundenen Trends zum Homeoffice Veränderungen ergeben, aber die Märkte für Wohnimmobilien und auch einige gewerbliche Segmente wie z. B. Logistikzentren sind robust. Wenn dieser Trend nicht in absehbarere Zeit endet, sollte es auch in Zukunft hinreichend viele Angebote geben, um als Mikroinvestor Geld in Immobilienprojekten anzulegen.

Plattformen zur digitalen Immobilienanlage

Darstellung 19 gibt einen Überblick über die wichtigsten Parameter der beiden nachfolgend beschriebenen Plattformen.

Dar. 19: Überblick Charakteristika Crowdinvesting-Plattformen für Immobilien (Quelle: Webseiten der Unternehmen, Stand Ende November 2024)

	Exporo	**Estateguru**
Mindest- Investitionssumme	500 €	50 €
Festverzinsung / Rendite p. a.	bis zu 9 %	Ø 10,25 %
Anzahl finanzierter Projekte	über 600	ca. 6.900 (in 8 Ländern)
Finanziertes Volumen	1,15 Mrd. €	849 Mio. €

Wenn man die Anforderung stellt, dass Crowdinvesting über eigenkapitalähnliche Instrumente erfolgt, dann ist Estateguru (ähnlich wie der deutsche Anbieter Bergfürst) eigentlich eher in den Bereich des Crowdlending einzustufen, da ausschließlich Kredite vermittelt werden. Aber da häufig Investoren, die über Immobilien-Plattformen anlegen, der Unterschied zwischen einem klassischen Kredit im Erstrang und einem (partiarischen) Nachrangdarlehen gar nicht bekannt ist, werden solche Unternehmen auch als direkte Wettbewerber der tatsächlichen Crowdinvesting-Plattformen wahrgenommen.

Die Laufzeit der Standardfinanzierungen ist trotz des Langfristcharakters von Immobilieninvestments eher kurz und wird meist zwischen einem und 3 Jahren angegeben. Einzelne Plattformen haben auch längere Anlagehorizonte (z. B. 10 Jahre) im Angebot.

Die Angebote sind auf den jeweiligen Webseiten optisch sehr ähnlich gestaltet. Auf kleinen Kacheln sind die wesentlichen Aspekte eines spezifischen Immobilieninvestments dargestellt und durch einen Klick kann man sich weitere Informationen auf den Bildschirm holen. Die Kacheln sind ähnlich gestaltet; sie zeigen die wesentlichen Parameter der Immobilien (eine stilisierte Darstellung des Projekts, meist in Form einer dreidimensionalen Simulation, den Typ der Immobilie sowie die Lage) und der Finanzierung (Volumen, Zinssätze und Laufzeiten). Da es mittlerweile eine Vielzahl von Anbietern gibt und interessante Immobilienprojekte nicht auf den Bäumen wachsen, gestaltet sich der Nachschub für die Plattformen zuweilen schwierig. Daher sind auf den Startseiten der Anbieter auch einige bereits vollständig finanzierte Projekte zu finden, in die der Anleger aber gar nicht mehr investieren kann.

Gebühren verlangen die Immobilienplattformen von den Anlegern nicht. Sie finanzieren sich wie beim Crowdinvesting üblich durch eine Vergütung der Projektentwickler.

Exporo

Die 2014 gegründete Hamburger Plattform Exporo ist in Deutschland mit weitem Abstand Marktführer im Bereich der Beteiligung an der Finanzierung von Immobilienprojekten. Das Unternehmen deckt das ganze Spektrum des Immobilienmarktes ab – Mehrfamilienhäuser, klassische Gewerbeimmobilien (Büros, Einzelhandel, Logistik etc.), gemischte Bebauung (Wohnen und Gewerbe) sowie Spezialprojekte wie Studierendenwohnheime oder Altersresidenzen. Seit 2023 ist die Finanzierung von erneuerbaren Energieanlagen (Windräder oder Solarparks) hinzugekommen.

Exporo bietet zwei Varianten an, die als »Bestand« und »Finanzierung« bezeichnet werden:

- In der ersten Kategorie investiert man in eine oder mehrere Bestandsimmobilien mit meist noch langlaufenden Verträgen renommierter Ankermieter. Die Laufzeit beträgt i. d. R. 10 Jahre. Der Anleger erhält quartalsweise Ausschüttungen, deren Höhe jedoch erst festgelegt wird, nachdem die Zins- und Tilgungsleistung für die vorrangigen Bankdarlehen erfolgt ist und die Kosten für Instandhaltung und Weiterentwicklung der Immobilie beglichen wurden. Auch einen Sekundärmarkt hat das Unternehmen etabliert, auf dem Anteile an Finanzierungen auch während der Laufzeit gehandelt werden können, wobei der Preis für die Anteile meist nur gering vom Nominalvolumen abweicht. Der Handelsplatz für den Kauf und Verkauf von laufenden Investments basiert technologisch auf einer Blockchain-Lösung.

• Die der zweiten Kategorie »Finanzierung« zugehörigen Projekte haben eine deutlich kürzere Laufzeit (8 bis 36 Monate) und verfügen über einen festen Zins, der auch bis zum Laufzeitende gezahlt wird, wenn der Kredit vorzeitig zurückgeführt wird.

In beiden Fällen ist die Stellung der Investoren gegenüber anderen Gläubigern nachrangig, d. h. sie erhalten Zahlungen erst nach der finanzierenden Bank (sofern noch etwas übrig ist). Diese Konstellation geht mit einem signifikanten Risiko einher, da der Investor nach dem Eigenkapitalgeber als Erster bei Verlusten in Anspruch genommen wird. Allerdings kann er je nach Ausgestaltung des Finanzierungsvertrages auch an einer eventuellen positiven Wertentwicklung partizipieren, wenn die Immobilie am Ende der Laufzeit der Finanzierung veräußert wird.

Für vermögende private oder institutionelle Kunden besteht zusätzlich die Möglichkeit, sich an einem sogenannten Private Placement zu beteiligen, wofür allerdings eine Mindestanlagesumme von 50.000 € aufgerufen wird. Exporo wirbt mit einem exklusiven Zugang zu nicht-öffentlichen Projekten und der Betreuung durch einen persönlichen Ansprechpartner sowie Renditen im Spektrum zwischen 8 und 10 %.

Der folgenden Darstellung kann man die Informationen entnehmen, die Exporo zu den einzelnen Projekten publiziert, für die noch Gelder von Anlegern eingesammelt werden sollen. Selbstverständlich können auch hier durch Klicken auf die Kacheln weitere Informationen aufgerufen werden.

Nach der Bezeichnung und dem Ort des Objekts wird zunächst die erwartete Rendite und die Exporo-Risikoklasse angegeben. Wenn die Finanzierung planmäßig erfolgt und das Geld an den Kunden zurückfließt, ist die genannte Rendite der Zinssatz, den der Kunde erhält. Wichtig ist hier natürlich die Bezeichnung p. a. (per annum), denn es handelt sich selbstverständlich nicht um die Gesamtrendite über die gesamte Laufzeit, sondern um die durchschnittliche Jahresverzinsung. Die Exporo-Klasse weist auf die Einordnung in die interne 7-stufige Ratingklassifizierung

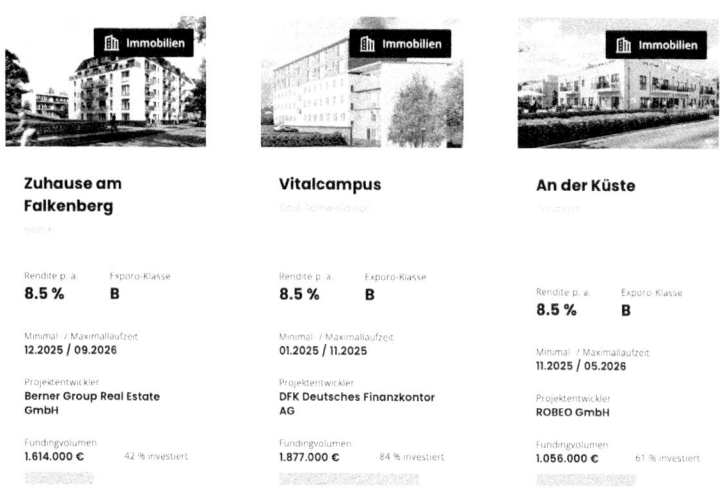

Zuhause am Falkenberg	Vitalcampus	An der Küste
Rendite p. a. **8.5 %** Exporo-Klasse **B**	Rendite p. a. **8.5 %** Exporo-Klasse **B**	Rendite p. a. **8.5 %** Exporo-Klasse **B**
Minimal / Maximallaufzeit 12.2025 / 09.2026	Minimal / Maximallaufzeit 01.2025 / 11.2025	Minimal / Maximallaufzeit 11.2025 / 05.2026
Projektentwickler **Berner Group Real Estate GmbH**	Projektentwickler **DFK Deutsches Finanzkontor AG**	Projektentwickler **ROBEO GmbH**
Fundingvolumen **1.614.000 €** 42 % investiert	Fundingvolumen **1.877.000 €** 84 % investiert	Fundingvolumen **1.056.000 €** 61 % investiert

Dar. 20: Auswahl von Finanzierungsprojekten auf der Plattform Exporo (Quelle: www. exporo.de, Dezember 2024)

hin, die dem Anleger einen Eindruck des einzugehenden Risikos vermitteln soll (AA bis F). Bei allen drei dargestellten Immobilienprojekten ist die Risikoeinschätzung mit »B« gleich, woraus sich auch ein sehr ähnlicher Zinssatz von 8,0–8,5 % ergibt.

Was weiterhin auffällt, ist die Staffelung der Laufzeit, die nicht eindeutig, sondern als Intervall angegeben wird. Dies bedeutet, dass der Gläubiger den Vertrag frühestens zum genannten Termin kündigen bzw. die Finanzierung zurückzahlen kann. Wäre eine feste Laufzeit vereinbart, müsste der Projektentwickler bei vorzeitiger Kündigung die Finanzierung bis zur Fälligkeit verzinsen. Insofern weiß der Anleger also bei allen oben beispielhaft dargestellten Projekten nicht genau, wann der Rückzahlungstermin exakt liegt.

Der Projektentwickler ist meist ein mittelständischer Bauträger, der das Immobilienprojekt abwickelt und in der Regel keinerlei überregionale Bekanntheit aufzuweisen hat. Das Fundingvolumen zeigt, welcher Betrag für die Finanzierung eingeworben werden soll. Damit ist aber nicht die gesamte Erstellung bzw. Sanierung der Immobilie gemeint, sondern nur der nachrangige Teil, für den Exporo-Investoren Geld zur Verfügung stellen können. Das Gesamtvolumen der Finanzierung dürfte in den meisten Fällen um den Faktor 4 bis 6 höher liegen als das von Exporo angegebene Fundingvolumen.

Exporo gibt ein Mindestanlagevolumen pro Projekt von 500 € an, teilweise lag dieses bei einzelnen Projekten in der Vergangenheit auch höher (z. B. 1.000 €). Das Investment ist in der Regel in Form einer Anleihe strukturiert. Das ist mittlerweile die gängige Praxis bei Exporo und spielt für den Anleger keine entscheidungsrelevante Rolle.

Bis 2019 warb das Unternehmen auf seiner Webseite noch damit, keine Ausfälle zu haben, jedoch sind mittlerweile einige Finanzierungen in Schieflage geraten, die auch in der Fachpresse thematisiert wurden. Dass z. B. die Wirtschaftswoche über Ausfälle bei Exporo berichtet, verdeutlicht aber auch, dass sich das Immobilien-Crowdinvesting mittlerweile von seinem ursprünglichen Nischendasein verabschiedet hat und im Mainstream angekommen ist. Zuletzt war von einer niedrigen zweistelligen Zahl von in Verzug befindlichen Finanzierungen die Rede, wovon beispielsweise zwei Projekte in Marburg nach Betrugsvorwürfen und der Insolvenz der Projektentwickler definitiv notleidend geworden sind. Nicht jede Finanzierung, bei der ein Zahlungsverzug entsteht, resultiert aber zwangsläufig in einem Totalverlust. Einige der relevanten Projekte lassen sich sanieren, so dass beim Anleger kein vollständiger Verlust entstehen muss.

Was all das aber deutlich zeigt, ist die Tatsache, dass auch Immobilien-Crowdinvestments eben nicht risikolos sind. Das ist mit den angebotenen Zinsen von häufig mehr als 8 % auch nicht seriöserweise zu erwarten. In jedem Fall ist die Goldgräberstimmung in diesem Teilsegment erst einmal vorbei und die Anleger werden sich der Risiken bewusst.

Darüber hinaus gibt es Kritik von Anlegern bezüglich des Zahlungsverkehrs. So treten beispielsweise Verzögerungen in der Auszahlung der Quartalszahlungen bei Bestandsimmobilien auf, die teilweise über eineinhalb Wochen hinausgehen. Zahlungen werden über die Baader Bank abgewickelt und die Verwendungszwecke, die bei Zahlungen auf den Girokonten der Investoren ankommen, weisen keine konsistenten Bezeichnungen auf, so dass man als Mehrfach-Investor unter Umständen eine Weile braucht, um die Zahlungen und die Projekte einander zuordnen zu können.

Exporo kooperiert mit dem Miles & More-Programm von Lufthansa, so dass man auch mit einem Investment in Immobilien Prämienmeilen sammeln kann.

Fast alle bisher abgewickelten Projekte sind positiv verlaufen und haben den Anlegern Zinszahlungen erbracht, die mit traditionellen Produkten nicht annähernd erreichbar gewesen wären. Aber die Einschätzung und die Geschäftsaussichten einer Plattform stehen und fallen mit erlittenen Verlusten der Anleger. Daher muss Exporo das Thema der Ausfälle zwingend in den Griff bekommen.

Estateguru

Das 2013 in Tallinn/ Estland gegründete Unternehmen ist seit 2018 in Deutschland aktiv und bezeichnet sich als den führenden Marktplatz für kurzfristige, immobilienbesicherte Kredite in Kontinentaleuropa (Aktivitäten in den baltischen Staaten, Finnland, Deutschland, Spanien, Schweden und Portugal).

Als durchschnittliche Rendite werden trotz der kurzen Laufzeiten und des angabegemäß geringen Risikos über 10 % angezeigt. Die hohe Sicherheit der Kredite manifestiert sich aus Investorensicht am LTV (Loan to Value), also grob die Relation zwischen Kreditvolumen und Immobilienwert. Je niedriger dieser Quotient ist, umso sicherer ist die Finanzierung (▶ Dar. 18).

Beispielhaft seien auch hier 3 Immobilienkredite aus dem September 2024 dargestellt, die Verzinsung, Finanzierungsvolumen, Laufzeit und Rückzahlung (»Ballon« bedeutet, dass der Kredit am Ende der Laufzeit in einem Betrag getilgt und zuzüglich der aufgelaufenen Zinsen zurückbezahlt wird) übersichtlich anzeigen. Weitere Informationen erhält der Investor auch hier durch einfaches Klicken auf die Kacheln.

Es werden drei Typen von Krediten angeboten:

- Entwicklungskredite dienen der Vorbereitung und Durchführung von Bauarbeiten an Wohn- und Geschäftsgebäuden oder Infrastrukturmaßnahmen.
- Geschäftskredite entsprechen klassischen Betriebsmittelkrediten, bei denen das kreditsuchende Unternehmen zwar eine Immobiliensicherheit stellt, den Betrag jedoch für das operative Geschäft nutzt (z. B. für eine Expansion).
- Überbrückungskredite sind eine Zwischenfinanzierung zur Fortführung von Immobilienprojekten, bis eine endgültige Finanzierungslösung gefunden ist.

Dar. 21: Auswahl von Finanzierungsprojekten auf der Plattform Estateguru (Quelle: www.estateguru.co[59], Dezember 2024)

Wie man sehen kann, sind die Kreditvolumina pro Projekt relativ gering und die Kredite haben eine relativ kurze Laufzeit. Man erkennt bei jedem Projekt das Risiko in Form des Ratings von Estateguru, das vorwiegend auf dem LTV basiert und in einer Buchstaben-/Zahlenkombination wie bei der amerikanischen Ratingagentur Moody's angegeben wird. Der Bonus, der auf den Zinssatz gewährt wird (oben immer bis zu 2 %) ist abhängig vom Investitionsvolumen und wird ab 50.000 € gewährt. Bei einer Anlage von 5.000 € und mehr wird 1 % Bonus gegeben und bei Investitionen in vierstelliger Höhe 0,5 %. Die meisten Investoren werden also den auf der Kachel angegebenen Bonus von 2 % nicht erreichen.

Die Immobilien, die in Darstellung 21 zu sehen sind und finanziert werden sollen, liegen in Litauen und Lettland. Die in der Überschrift genannte Stufe deutet auf den Fertigstellungsgrad hin. Auf der Webseite von Estateguru sind eine Reihe von Fotos zum jeweiligen Projekt zu finden. Es darf nicht verwundern, dass die Bausubstanz oft deutsche Standards nicht erreicht.

Auf der deutschsprachigen Webseite von Estateguru finden sich viele Informationen nur in englischer Sprache und auch der ein oder andere Rechtschreibfehler hat sich eingeschlichen.

---

59 Die Domain-Endung »co« ist kein Tippfehler. Eigentlich handelt es sich um die länderspezifische Domain für Kolumbien, die zunehmend von Unternehmen als Alternative zu ».com« verwendet wird, da dort immer weniger kurze Domainnamen verfügbar sind.

Auch wenn man getreu dem Motto »höherer Zins – höheres Risiko« eine nicht unerhebliche Anzahl von Ausfällen erwarten sollte, so sind diese bis dato noch nicht eingetreten. Lange hielten sich bei Estateguru die Ausfälle in Grenzen, aber seit dem Jahr 2024 hat sich die Anzahl der Fälle, bei denen die Rückzahlung in Gefahr ist, deutlich erhöht.

Mit Estateguru-Angeboten ist praktisch die Brücke geschlagen zwischen Crowdinvesting für Immobilien (hier vollständiger Fremdkapitalcharakter) und dem Crowdlending. Der Unterschied liegt in der Besicherung.

Immobilien-Crowdinvesting: Eignung für Anleger

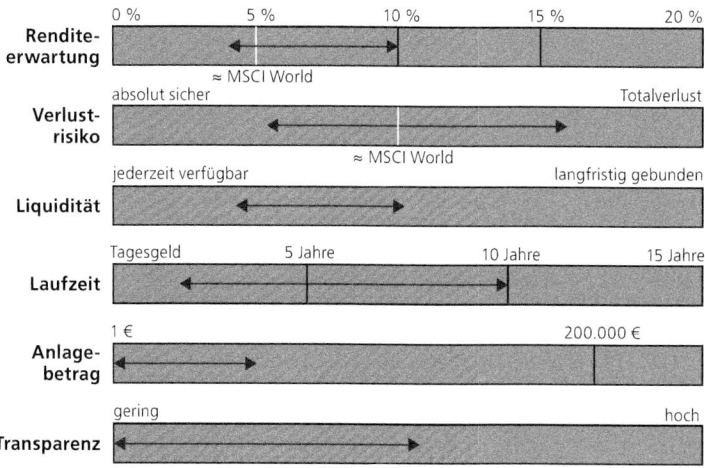

Dar. 22: Anlagecharakteristika von Crowdinvesting für Immobilien

Der mit Abstand am stärksten wachsende Crowdfunding-Markt verspricht Renditen im hohen einstelligen oder niedrigen zweistelligen Prozentbereich. Lange gab es trotz dieser relativ hohen Verzinsung keine Ausfälle, aber dies hat sich mittlerweile geändert und bei einigen Investments sind Verluste aufgetreten. Wenn eine hinreichende Streuung vorhanden ist, kann ein Totalverlust des Portfolios vermieden werden, aber bei einzelnen Projekten besteht immer die Möglichkeit eines Ausfalls, was dann negative Auswirkungen auf die Portfoliorendite haben kann, die unter Umständen auch negativ ausfallen kann.

Der Anleger sollte nicht vergessen, dass er ein Finanzinstrument zeichnet, das eigenkapitalähnlichen Charakter hat, so dass er im Falle eines Scheiterns des Projekts erst nach Befriedigung sämtlicher Fremdkapitalgeber bedient wird. Darüber hinaus kann aufgrund der in der Regel festen Verzinsung (ohne Gewinnbeteiligung) nur sehr schwer eine Kompensation von Totalverlusten einzelner Investments realisiert werden.

Die Instrumente bilden einen großen Teil des Laufzeitspektrums ab, die Liquidität der Anteile ist bei einzelnen Plattformen durch die Bemühungen zur Etablierung eines Sekundärmarktes ansatzweise gegeben. Diese Sekundärmärkte weisen jedoch in der Regel eine sehr geringe bis gar keine Liquidität auf, so dass – wenn überhaupt – laufende Investments nur mit erheblichen Abschlägen und signifikantem Verlust vor Laufzeitende verkauft werden können.

Während der Laufzeit der Projekte erhält der Investor nur sehr sporadisch Informationen, selbst wenn es bei einer Finanzierung zu Problemen kommen sollte. Aktuelle Daten zu spezifischen Immobilien sind kaum zugänglich.

3.5.3 Crowdlending

3.5.3.1 Überblick über den Crowdlending-Markt

Das Crowdlending stellt keine eigentliche Innovation dar. Vielmehr ist die Idee, dass viele Personen ihr Geld zusammentragen, um es Dritten zu leihen, uralt. Lediglich die Ausgestaltung, den Kredit über eine Internetapplikation anzubieten, ist innovativ. Im Prinzip gibt es zwei Varianten: die Kreditvergabe an Privatpersonen (person-to-person, P2P) oder Unternehmen (person-to-business, P2B) durch eine Vielzahl von Privatinvestoren. Dabei können sowohl komplett neue Kreditanfragen von der Crowd finanziert als auch in bestehende Kredite von Banken oder anderen Kreditgesellschaften investiert werden, die die entsprechenden Darlehen über Plattformen weiterveräußern.

Zunächst registriert sich der potenzielle Kreditnehmer bei einer Crowdlending-Plattform und muss neben seinen Kontaktdaten auch Angaben zu seiner Arbeits- und Einkommenssituation machen. Bei Unternehmen werden Finanzkennzahlen aus dem Jahresabschluss erhoben. Daraufhin kann eine Kreditanfrage ausgefüllt und die gewünschte Kreditsumme und -laufzeit sowie der Finanzierungsgrund angegeben werden. In den meisten Fällen handelt es sich einerseits um Konsumentenkredite und Umschuldungen bei Privatpersonen und andererseits um Unternehmenskredite zur Finanzierung verschiedener Investitionen oder des laufenden Unternehmensbetriebes.

Daran anschließend führt die Plattform mit Hilfe eines Scoring-Verfahrens eine Bonitätsprüfung durch. Das Ergebnis des Scorings ist eine individuelle Risikoeinschätzung des Kunden (»der Score«).

Die Risikoprüfung der jeweiligen Plattformen basiert auf unterschiedlichen Kriterien, je nachdem, ob der Vertragspartner des Investors der individuelle Kreditnehmer oder die Kreditgesellschaft ist, die ihr bereits bestehendes Kreditportfolio über die Vermittlungsplattform weiterveräußert. Ist der Kreditnehmer die direkte Gegenpartei, so wird seine Bonität u. a. anhand seines monatlichen Einkommens und den korrespondierenden Ausgaben geprüft. Stellt jedoch eine Kreditgesellschaft die Gegenpartei dar, wird deren Bonität bspw. anhand der Kapitalausstattung und einem eventuell vorhandenen Rating einer darauf spezialisierten Ratingagentur gemessen.

Nach der Risikoprüfung erfolgt eine Zuordnung zu einer Risikokategorie, die in der Regel von einer sehr guten Bonität bis zu einer hohen Ausfallwahrscheinlichkeit reicht. Durch einen kontinuierlich verbesserten Vorauswahlprozess wird versucht, die Ausfallraten der Kredite zu senken. Die Plattformen geben an, dass die durchschnittliche Ausfallrate bei knapp 3 % liegt.

Bei einer Vielzahl von Fällen führt das Scoring zu der Entscheidung, die entsprechende Kreditanfrage nicht auf der Plattform anzubieten. Nur wenn diese auf Basis ihrer internen Verfahren zu der Auffassung gelangt ist, dass der Kredit eine hohe Rückzahlungswahrscheinlichkeit hat und gewisse weitere Anforderungen erfüllt, wird dieser online gestellt.

In Abhängigkeit von dem ermittelten Risiko wird dann ein konkretes Angebot erstellt, d. h. vor allem der relevante Kreditzins festgelegt. Auch hier gilt natürlich: Je höher das Risiko, desto höher der Zinssatz, den die kapitalnachfragende Partei zahlen muss. Ist der Kreditnehmer mit dem Zins-Vorschlag einverstanden, wird die Kreditanfrage auf der Plattform mit den für die Investoren relevanten Informationen hochgeladen. Dies umfasst zum einen die kreditbezogenen Daten (Zinssatz, Volumen, Laufzeit) und zum anderen die zur Einschätzung des Risikos relevanten persönlichen Daten bzw. Finanzkennzahlen. Wenn sich genügend Investoren finden, vermittelt die Plattform den Abschluss eines Kreditvertrages zwischen dem Kreditnehmer und einem Kreditinstitut.[60] Das Kreditinstitut veräußert im Anschluss die Rückzahlungsansprüche aus dem Kreditvertrag in den festgelegten Teilbeträgen an die einzelnen Investoren weiter. Manche Plattformen investieren selbst in Kredite und gleichen z. B. fehlende Beträge der Crowd aus. Ein zentraler Vorteil des Crowdlending aus Investorensicht sind die Renditechancen, die angabegemäß um die 6,5 % liegen. Das Instrument des Crowdlending ist einfach zu verstehen und bietet somit kaum die Gefahr unbewusst eingegangener Risiken. Die Konditionen der Kredite sind vorab bekannt und die Risikoprüfung wird von den Plattformen übernommen. Dadurch können Investoren ohne eigenständige Prüfung Entscheidungen bezüglich der Kreditvergabe treffen. Die meisten Plattformen bieten Investitionen bereits ab sehr geringen Volumina an, wodurch diversifizierte Kreditportfolios aufgebaut werden können. Darüber hinaus werden inzwischen auch Portfoliostrategien angeboten, bei denen keine Einzelinvestments getätigt werden müssen, sondern direkt in ein vordefiniertes Portfolio investiert werden kann. Die angebotenen Portfolios unterscheiden sich hinsichtlich der Risiko- und Renditeausprägung.

Ein wesentlicher Kritikpunkt besteht darin, dass vor allem Kreditnehmer, die keine Kredite von einer Bank bereitgestellt bekommen, über Crowdlending Geld aufnehmen möchten. Dadurch entsteht im Prinzip eine negative Vorauswahl und besonders ausfallgefährdete Kredite oder solche, die die Richtlinien von Banken nicht erfüllen, werden auf den Plattformen angeboten. Weiterhin muss das Kapital für eine bestimmte Dauer, in der Regel zwischen 5 und 10 Jahren, vergeben werden und es besteht nicht die Möglichkeit, die Kreditzusage vorher zu kündigen. Die Risikoprüfung der Plattformen vereinfacht zwar die eigene Einschätzung der Investoren, es kann aber dennoch auch bei vermeintlich risikoärme-

---

60 Dieser Zwischenschritt über eine Bank ist notwendig, weil das Kreditgeschäft zu den sogenannten Bankgeschäften zählt, für deren Durchführung eine Banklizenz erforderlich ist. Die Plattform benötigt also ein lizensiertes Kreditinstitut für die Durchführung der Transaktion und vergibt nicht selbst den Kredit.

ren Investments ein Totalausfall drohen. In jedem Fall sollten die Investoren die erhaltenen Zins- und Tilgungszahlungen mit den vorab geplanten Werten vergleichen und bei Abweichungen mit den Plattformen Rücksprache halten. Nicht immer sind die Berechnungen in angemessener Weise transparent und finanzmathematisch einwandfrei.

Viele Plattformen bieten einen Sekundärmarkt für Investoren an. Dieser dient dazu, dass bereits getätigte Investments vor ihrer Fälligkeit wieder verkauft werden können. Dabei sollten Investoren darauf achten, ob der Sekundärmarkt gebührenfrei angeboten wird und liquide ist. Ferner kann der Kredit je nach Performance und Nachfrage über oder unter seinem Buchwert veräußert werden. Allerdings stehen die Chancen gering, einen bereits in Schwierigkeiten geratenen Kredit weiterzuverkaufen, selbst mit einem erheblichen Wertabschlag.

Die Gebührenstrukturen sind unterschiedlich und plattformspezifisch. Dementsprechend wird darauf innerhalb des folgenden Abschnitts intensiver eingegangen. Meistens fallen die Gebühren für den Investor aber sehr überschaubar aus, während der Kreditnehmer höhere Gebühren zu erwarten hat.

3.5.3.2 Crowdlending-Plattformen

Trotz der Tatsache, dass es sich bei Crowdlending um einen relativ neuen Markt handelt, haben einige relativ bekannte Vertreter des Geschäftsmodells bereits ihre Schwerpunkte geändert. Die frühen Pioniere dieses Geschäftsmodells in Deutschland waren Auxmoney und Smava, die jedoch beide mittlerweile ihre Strategie geändert haben:

• Auxmoney bietet zwar noch Kredite für Unternehmen und Privatpersonen an, allerdings werden diese nur noch durch institutionelle Partner und nicht mehr durch die Crowd finanziert.
• Smava ist beispielsweise vor allem durch Funk- und Fernsehwerbung relativ bekannt geworden und galt lange als typische Crowdlending-Plattform und nicht wenige gehen auch heute noch davon aus, dass sie diese Form von Geschäften betreiben. Sie hat sich jedoch zu einer Vergleichsplattform für Bankkredite entwickelt und bietet somit keine Anlagemöglichkeiten mehr. Kreditnehmer können hier Konditionen

von Partnerbanken vergleichen und den für sie passenden Kredit direkt beantragen.

Die beiden größten Crowdlending-Plattformen, bei denen man als deutscher Anleger Kunde werden kann, sind Mintos und Bondora aus den baltischen Staaten.

Mintos

Das aus Lettland stammende und 2015 gegründete Unternehmen hat seine Wurzeln im Crowdlending, bietet Privatinvestoren aber mittlerweile auch die Möglichkeit, in Tagesgeld, Anleihen oder ETFs zu investieren. Nachfolgend steht aber ausschließlich die Kreditvergabe im Fokus. Der Anleger kann dabei sowohl in einzelne Kredite als auch in verschiedene Strategien investieren. Alle Investments sind rechtlich als Schuldverschreibungen mit einer eigenen Wertpapierkennnummer ausgestaltet. Derzeit verzeichnet die Plattform laut eigenen Angaben über 500.000 registrierte Nutzer. Die Mindestanlagesumme beträgt 50 €, Gebühren fallen keine an.

Kreditanfragen, die bei Mintos veröffentlicht werden, stammen von verschiedenen Kreditgesellschaften auf der ganzen Welt.[61] Das bedeutet also, dass der initiale Kreditnehmer nicht selbst über die Vermittlungsplattform aktiv wird, sondern vielmehr die Kreditgesellschaft eine Kooperation mit Mintos besitzt, um hier Kredite an die registrierten Nutzer weiterzuveräußern. Viele dieser Kredite sind mit einer Rückkaufverpflichtung ausgestattet.[62] In solchen Fällen trägt der Mintos-Investor nicht das

---

61 Kreditgesellschaften sind dabei die Darlehensgeber, die ihre bereits ausgereichten Kredite auf Mintos refinanzieren. Im Prinzip handelt es sich dabei um einen Weiterverkauf von Darlehen von der ursprünglich kreditvergebenden Gesellschaft (es handelt sich in der Regel nicht um klassische Banken) an die bei Mintos registrierten Nutzer. Darunter finden sich sowohl Kredite an Privatpersonen (P2P) als auch an Unternehmen (P2B).

62 Die Rückkaufverpflichtung bedeutet für die Kreditgesellschaft, dass Investitionen zum Nennwert inklusive aufgelaufener Zinsen zurückzukaufen sind, falls der zugrunde liegende Kredit einen Zahlungsverzug von mehr als 60 Tagen aufweist. Sofern die Kreditgesellschaft jedoch nicht mehr dazu in der Lage ist, die Kredite zurückzuführen, verliert natürlich auch die Rückkaufverpflichtung für den Anleger ihren Nutzen.

Ausfallrisiko. Jedoch besitzen nicht alle Kredite dieses für Anleger vorteilhafte Charakteristikum.

Mintos nutzt zur Risikokategorisierung den eigenen Mintos Risk Score, der von 10 (geringstes Risiko) bis 1 (hohes Risiko) reicht. Der Mintos Risk Score besteht aus vier Teilbewertungen, die sich auf die Kreditgesellschaften beziehen und nicht auf den ursprünglichen Kreditnehmer.

Es gibt drei Varianten für Crowdlending-Anleger:

- Bei »Core Loans« legt man sein Geld in ein bereits existierendes Portfolio an. Als durchschnittlicher Zinssatz wird gut 11 % angegeben.
- Möchte man sich sein Portfolio mit eigenen Regeln selbst zusammenstellen, wird »Custom Loans« angewendet, wobei die Rendite je nach Portfoliozusammensetzung stark schwanken kann und zwischen 5 und 24 % liegen soll.
- Investoren, die aus den zur Verfügung stehenden Krediten einzelne auswählen wollen, wählen »manuelles Investieren« und erreichen angabegemäß ebenfalls eine Rendite von 5 bis 24 %.

In normalen Marktbedingungen kann der Anleger des Core-Loans-Portfolios auch vorzeitig sein Geld zurückerhalten (allerdings wird auf der Webseite natürlich nicht spezifiziert, was unter »normal« zu verstehen ist). Außerdem besteht die Möglichkeit, Kredite auf dem Sekundärmarkt zu verkaufen. Dabei kann es jedoch zu Teilverlusten kommen, wenn der Kredit nur zu weniger als 100 % des Nennwerts verkauft werden kann.

Mintos ist Teil der estnischen Einlagensicherung, die bis zu einem Verlust von maximal 20.000 € immerhin 90 % der eventuell anfallenden Verluste abdeckt, wenn Mintos selbst ausfallen sollte. Dieser positive Sicherheitsaspekt bezieht sich nicht auf einen Ausfall eines einzelnen Kredites im Portfolio. Diese sind von dieser Besicherung nicht abgedeckt.

Bondora

Die Crowdlending-Plattform aus Estland wurde 2008 in der globalen Finanzkrise gegründet und bietet Investoren schon ab 1 € eine P2P-Kreditvergabe an. Es kann nicht direkt in einen Kredit investiert werden, vielmehr wird ein Portfolio von mehreren verschiedenen Krediten finanziert. Dieses Portfolio wird von Bondora automatisch bestimmt. Damit hat der Kunde analog zu dem entsprechenden Produkt von Mintos keinerlei Mitspracherecht bei der Zusammensetzung seines Portfolios. Laut Webseite des Unternehmens hat es über 200.000 Investoren und bereits über eine Milliarde Euro an Kreditvolumen vermittelt.

Das Produkt »Go & Grow« stellt einen Investitionsplan dar, bei dem ein Startkapital und ein monatlicher Betrag in ein Kreditportfolio investiert werden. Ferner muss die Zeitdauer angegeben werden, über die investiert werden soll. Ungeachtet der angegebenen Zeitdauer ist aber eine jederzeitige Liquidation über den Sekundärmarkt möglich. Dabei können mehrere Unterkonten innerhalb des Go & Grow-Kontos erstellt werden, denen jeweils ein Investitionsziel[63] zugeordnet werden kann. Es ist auch möglich, ein Go & Grow-Konto mit einem Freund oder Familienmitglied zu teilen und gemeinsam zu investieren, um ein Ziel zu erreichen.

Der Kunde kann jederzeit sein Geld von Bondora abziehen. Dafür wird pro Auszahlung unabhängig vom Betrag 1 € fällig, weitere Gebühren fallen nicht an. Als Zinssatz wird für die ersten 1.000 € 6,75 % erzielt, bei darüber hinausgehenden Beträgen noch 4 %.

Bondora besitzt auch ein eigenes Rating-Modell. Kreditnehmer werden hier anhand der Wahrscheinlichkeit eines Rückzahlungsausfalls in die acht Ratingklassen AA, A, B, C, D, E, F und HR eingeteilt. AA stellt dabei die risikoärmsten Kredite dar, während HR die Kredite mit der höchsten Ausfallwahrscheinlichkeit bezeichnet. Das Rating basiert zum einen auf traditionellen Quellen wie Kreditauskunfteien, Einwohnermelderegistern und Beschäftigungsdaten und zum anderen aus nicht-traditionellen Daten wie sozialen Medien, nationalen Personalausweisdaten und der Interaktion/ Kooperation der Kreditnehmer mit der Bondora-Plattform (z. B. Bewertung von Zahlungsverhalten, Kommentaren in Blogs/Foren oder sozialen Medien über Bondora, etc.).

---

63 Das Investitionsziel beschreibt dabei, weshalb der Investor sein Kapital investiert, wie beispielsweise Ruhestand, Reisen oder eine große Anschaffung. Es ist also nicht damit zu verwechseln, in welche Art von Kredit (Konsumentenkredit o. Ä.) investiert wird.

3.5.3.3 Eignung von Crowdlending für Anleger

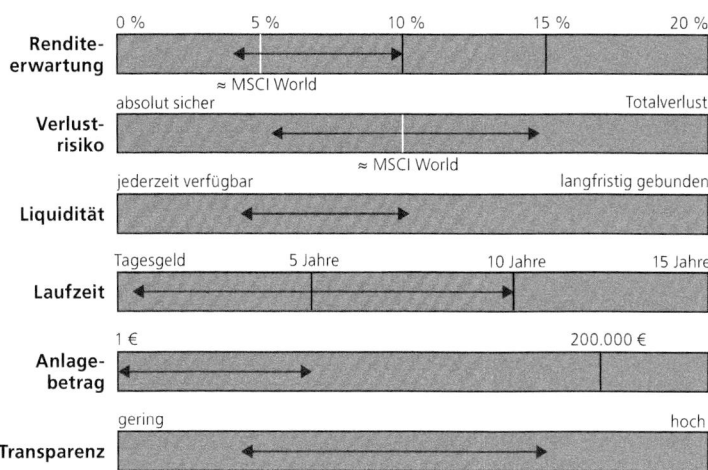

Dar. 23: Anlagecharakteristika von Crowdlending

Crowdlending ist ein interessantes Instrument für Anleger, um auch mit kleinen Beträgen eine attraktive Rendite erzielen zu können. Die Rendite hängt dabei, wie bei allen Investments, maßgeblich von dem eingegangenen Risiko ab. Die Plattformen bieten jeweils eigene Risikoprüfungen an, die aber nicht auf identischen Kriterien beruhen. Deshalb muss der Investor sich bei jeder Plattform erneut informieren, welche Kriterien in die Risikoprüfung einfließen und ob Ansätze zur Risikominderung wie Rückkaufverpflichtungen bestehen, die das Ausfallrisiko begrenzen. Bei Einzelinvestments besteht natürlich ein Totalverlustrisiko, bei diversifizierten Portfolien ist das Risiko überschaubar.

Sofern die jeweilige Plattform keinen liquiden Sekundärmarkt für die Kredite betreibt, ist das Investment für den zugesagten Zeitraum gebunden (Ausnahme: Bondora ermöglicht einen vorzeitigen Ausstieg). Die durchschnittliche Kreditdauer liegt zwischen 5 und 10 Jahren. Es wird davon berichtet, dass die erzielten Renditen bei Investments in Portfolio-Strategien teilweise erheblich von den beworbenen Renditen abweichen. Dies ist darauf zurückzuführen, dass die Renditen nicht ex ante feststehen, sondern durch Kreditausfälle, welche vom Erwartungswert abweichen können, beeinflusst werden.

3.5.4 ICO

Die Abkürzung ICO steht für Initial Coin Offering. Das klingt zwar so ähnlich wie IPO (Initial Public Offering), aber mit einem Börsengang (IPO) ist das Thema nur bedingt vergleichbar, da bei ICO keine etablierten Unternehmen gelistet, sondern Start-up-Ideen in einer frühen Phase finanziert werden.

Im Prinzip handelt es sich bei Initial Coin Offerings um eine Art des Crowdfunding mit den Schwerpunkten Kryptowährungen und Blockchain-Technologie. Dabei emittiert ein in der Regel gerade neu gegründetes Unternehmen eine bestimmte Anzahl von Tokens (im Prinzip Anteilsscheine wie Aktien, aber teilbar) einer eigens geschaffenen Kryptowährung, die meist in Bitcoin, Ether oder einer klassischen Währung (€, USD etc.) bezahlt werden muss. Damit sind die Investoren an dem Start-up beteiligt, verfügen über Stimmrechte und partizipieren an den Wertsteigerungen, tragen aber selbstverständlich auch das vollständige Verlustrisiko bei Scheitern des Projekts oder im Betrugsfall. Die Tokens können jederzeit zum Marktpreis gehandelt werden, können aber unter Umständen illiquide sein.

Neben den erfolgreichen Leuchtturmfinanzierungen wie z. B. Ethereum[64] sind ICO auch durch eine Vielzahl von Betrugsfällen ins Gespräch gekommen. Da der Markt weitgehend unreguliert ist (China z. B. hat ICO komplett verboten, nachdem einige Betrugsfälle ans Licht gekommen sind), tummeln sich hier auch Scharlatane, die gar nicht die Absicht haben, die Geschäftsidee zum Leben zu erwecken und die sich mit dem Geld schnell aus dem Staub machen.[65] Außerdem liegen häufig keine transparenten Informationen über die Entwicklung des Projektes vor.

---

64 Ethereum sammelte 2014 in einem ICO ca. 18 Mio. USD ein. Die Investoren erhielten dafür Tokens der Kryptowährung Ether, die mittlerweile eine Marktkapitalisierung von über 400 Milliarden USD aufweisen.

65 Die Vorgehensweise wird als »rug pull« bezeichnet, weil den Anteilseignern nach einer Investition bildlich gesprochen der Teppich (englisch »rug«) unter den Füßen weggezogen wird.

Mittlerweile gab es weltweit mehrere tausend ICO, allerdings scheint der Trend etwas abzuebben. Seit 2019 ist die Anzahl der ICO pro Jahr rückläufig. Ungefähr die Hälfte aller ICO scheitert binnen weniger Monate. Mit dieser Information sollte jedem potenziellen Interessenten bewusst sein, dass ein erhebliches und kaum zu kalkulierendes Risiko bei der Teilnahme an Initial Coin Offerings besteht.

Wer sich über anstehende ICO informieren möchte, findet beispielsweise auf ICO Bazaar (https://icoholder.com/de/icos/all) einen guten Überblick über aktuelle und geplante Emissionen. Der interessierte Anleger sollte sich jedoch von jedem angebotenen ICO ein eigenes Bild machen, um die Wahrscheinlichkeit, Betrügern auf den Leim zu gehen, zu reduzieren. Nachfolgende Aspekte sind Hinweise auf seriöse Angebote:

- Existenz eines White Paper (das ist das im Internet frei zugängliche Dokument mit der Geschäftsidee des Unternehmens und der Funktionsweise der Technologie)[66] und eines Zeitplans für die Umsetzung des Vorhabens (Roadmap)
- Kommentare anerkannter Industrieexperten zur Geschäftsidee
- Einrichtung eines Treuhandkontos (Escrow Account) für die Abwicklung der Transaktion
- Das Unternehmen sollte auch juristisch gegründet worden sein, d. h. bereits in einer Rechtsform existieren
- Transparenz hinsichtlich der Identität der Initiatoren.

Allerdings gibt es auch gelegentlich eine direkte 1:1-Beziehung zwischen dem Start-up und dem Investor ohne Zwischenschaltung von Plattformen oder ähnlichen Intermediären. Hier wird das ICO meist direkt auf der Webseite des jungen Unternehmens beworben.

Es versteht sich von selbst, dass ICO für Anleger nichts anderes darstellen als das Ausfüllen eines Lottoscheins. Eine ernsthafte langfristige Geldanlage ist das nicht.

---

66 Interessant zu lesen ist u. a. das Whitepaper zum Bitcoin von einem bis heute unbekannt gebliebenen Autor mit dem Pseudonym Satoshi Nakamoto, da es zum einen die bis heute gültige Funktionsweise des Bitcoin darstellt und aus der Retrospektive die Weitsicht des Autors durchaus beeindruckt.

3.6   Investitionen in alternative Assetklassen

Bisher waren die Investitionsmöglichkeiten für Kleinanleger weitgehend beschränkt auf die üblichen Bankprodukte (Termineinlagen, Sparbriefe, Sparkonten) und Aktien bzw. Anleihen von etablierten Unternehmen (bei Anleihen auch Staaten als Schuldner) oder Fonds, die in solche Wertpapiere investieren. Mittlerweile kann man auch über Schwarmfinanzierungen mit kleinen Beträgen in junge Unternehmen oder Immobilien investieren und Dienstleistungen eines Vermögensverwalters (Robo-Advisor) in Anspruch nehmen.

Einige Märkte waren aber auch in den letzten Jahren noch (sehr) vermögenden Privatkunden vorbehalten, da enorm hohe Mindestbeträge investiert werden mussten, über die Otto Normalanleger nicht annähernd verfügt. Aber auch hier ergeben sich über neue Internetplattformen zunehmend Gelegenheiten, auch mit moderatem Kapitaleinsatz an der Wertentwicklung von seltenen bzw. schwer zugänglichen Vermögensgegenständen zu partizipieren.

Grundsätzlich handelt es sich bei den in diesem Abschnitt erläuterten Anlageformen um sehr langfristige Investments, die dementsprechend einem Illiquiditätsrisiko unterliegen. Einige der dargestellten Plattformen sind dabei, einen Sekundärmarkt für die vermittelten Anlagen zu etablieren, diese Bemühungen stecken jedoch noch in den Kinderschuhen und sind noch keinesfalls zu einem liquiden Markt herangereift. Insofern wird ein Investor, der sich vorzeitig von einer Anlage trennen muss, erhebliche Wertabschläge in Kauf nehmen müssen.

Aber selbstverständlich besteht natürlich bei allen genannten Investitionsmöglichkeiten nicht nur das Risiko, bei vorzeitigem Verkauf Verluste zu erleiden, sondern die Gefahr des Kapitalverlustes (vollständig oder anteilig) droht immer. Dies ist der Preis für die hohen erwarteten Renditen, die angestrebt werden. Erwartete Renditen sind eben nun einmal Prognosen für die Zukunft, denen ein entsprechendes Risiko gegenübersteht.

3.6.1 Sachwerte

In diesem Abschnitt soll der Fokus auf Vermögensgegenständen liegen, die aufgrund ihrer Seltenheit teilweise zu Sammlerobjekten werden. Dabei handelt es sich z.B. um Kunst, Oldtimer, Wein oder Uhren. Allen diesen Marktsegmenten ist gemein, dass sie sich in den letzten Jahrzehnten sehr positiv entwickelt und den Eigentümern hohe Renditen eingebracht haben. Die Mechanismen der jeweiligen Märkte sind ähnlich. Es gibt nur wenig Angebot (bei Kunst handelt es sich sogar überwiegend um Unikate, allerdings manchmal auch Fälschungen), in der Regel eine nicht unerhebliche Nachfrage und aus dieser Konstellation resultieren in der Regel hohe und oftmals steigende Preise.

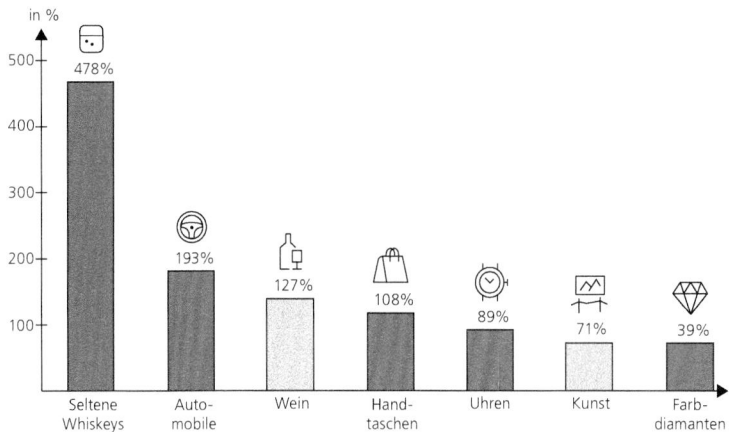

Dar. 24: Wertentwicklung alternative Assetklassen 2010–2020 (Quelle: in Anlehnung an Knight Frank LLP: The Wealth Report. Luxury Investment Focus, London)

Nachfolgend sollen beispielhaft die beiden Teilsegmente Kunst und Wein dargestellt werden. Auch für andere Realwerte, die in Darstellung 24 gezeigt werden, gibt es Angebote, die teilweise von den gleichen Plattformen wie Kunst und Wein herausgegeben werden. Seltene Whiskeys zeigen zwar in der obigen Graphik die mit Abstand beste Rendite, aber es kommen nur unregelmäßig relevante Kollektionen auf den Markt.

3.6.1.1 Kunst

Gerade bei renommierten Künstlern waren die Renditen der Eigentümer bei einem Verkauf außergewöhnlich. Die aus 15 Bildern bestehende Gemäldeserie von Pablo Picasso »Les Femmes d'Alger« aus dem Jahr 1954/55 wurde Mitte 1956 komplett für 212.500 USD verkauft. Ein einziges der 15 Werke erzielte bei einer Auktion im Jahr 2015 rund 179 Mio. USD. Wahrscheinlich erwartet bei einer solchen Preisentwicklung intuitiv jeder eine drei- oder vierstellige Jahresrendite, aufgrund des zugrunde liegenden langen Zeitraums von 59 Jahren beträgt die Rendite jedoch lediglich gut 17 % p. a., womit ein Anleger aber sicherlich durchaus zufrieden sein dürfte (zumal die finanzielle Rendite vermutlich nicht der wesentliche Kaufgrund gewesen sein dürfte). Das genannte Gemälde war ein paar Jahre das teuerste Kunstwerk der Welt, aber selbstverständlich erzielt nicht jedes »Kunst-Investment« solche Wertsteigerungen.

Außerdem ist es keinesfalls so, dass Kunstpreise stetig steigen, sondern sie unterliegen den gleichen Zyklen wie Aktienmärkte, die jedoch nicht zwangsläufig zeitlich parallel verlaufen. So war beispielsweise das Jahr 2016 für den Kunstmarkt ein Crash-Jahr mit einem erheblichen Einbruch der Verkaufspreise. Wie bei allen anderen Vermögensanlagen gilt jedoch, dass sich solche Zyklen durch einen langfristigen Anlagehorizont und Streuung der Kaufzeitpunkte über mehrere Jahre einigermaßen glätten lassen.

Darüber hinaus ist auch in der Kunst ein Trend zur Digitalisierung erkennbar, denn in Rekordgeschwindigkeit ist ein Markt für digitale Kunst entstanden. Solche Objekte werden häufig über sogenannte Non-fungible Tokens (NFTs) monetarisiert. Das besondere an NFTs ist der erste Teil der Abkürzung. »Non-fungible« bedeutet, dass es sich um ein Unikat handelt, da das kryptographisch erzeugte, den Vermögenswert repräsentierende Token (Anteilsschein und Eigentumsnachweis) nicht nachgebildet werden kann. Insofern fungiert das NFT sozusagen als digitales Echtheitszertifikat, da sichergestellt wird, dass nur ein Original existiert. Viele heute gehandelte NFTs werden über die Ethereum-Blockchain abgebildet.

Der Digitalkünstler Beeple wird inbesondere hoch gehandelt, so wurde beispielsweise sein 10-sekündiges Video »Crossroads« 2021 für über 6,6 Mio USD verkauft und seine Collage »Everydays: The First 5.000 Days« (technisch gesehen eine jpeg-Datei) erzielte im gleichen Jahr sogar einen Preis von 69 Mio. USD.

Sogar ein NFT der ersten Twitter-Nachricht wurde im März 2021 für 2,5 Mio. USD verkauft. Die Nachricht selbst ist von eher überschaubarem intellektuellem Gehalt und lautet »Just setting up my twttr« von Twitter-Gründer Jack Dorsey.

Ähnlich wie Bitcoin-Mining steht Digitalkunst in Form von NFTs aufgrund des enorm hohen Stromverbrauchs jedoch in der Kritik, einen deutlich negativen Kohlendioxid-Fußabdruck zu haben. Anleger, denen ESG-Kriterien bei der Auswahl ihrer Investments wichtig sind, sollten dies bedenken. So besteht beispielsweise die Möglichkeit, über einen NFT-Indexfonds (z. B. NFTX), der den digitalen Unikate-Markt abbildet, zu investieren. Allerdings ist der Markt für NFTs 2022 regelrecht zusammengebrochen. Man sieht also, dass es – wenn man denn in solche hochspekulativen Vermögensanlagen einsteigen will – vor allem auch auf das Timing ankommt und eben nicht alles Neue stetig steigende Preise aufweisen muss.

Abgesehen vom Einzelerwerb von Kunstwerken spielen zunehmend auch Kunstfonds eine Rolle am Markt. In dieser Kategorie gibt es einige Angebote, die üblicherweise als geschlossene Fonds konzipiert sind, von denen die meisten jedoch sehr hohe Mindestvolumina aufweisen (oft mehrere 100.000 €) und die insofern für den Durchschnittsanleger keinesfalls in Frage kommen. Die meisten dieser Fonds sind in China beheimatet.

Nun war bisher von exorbitanten Summen die Rede, über die nur sehr wenige Menschen weltweit verfügen. Trotzdem gibt es auch für Kleinanleger diverse Möglichkeiten, am Kunstboom zu partizipieren, wie die am Ende des Abschnitts dargestellten deutschen oder die amerikanische Plattform »Masterworks«[67] zeigen.

Aufgrund der Intransparenz des Kunstmarktes und den langen Laufzeiten von finanziellen Beteiligungen an Objekten sollten sich Anleger in diesem Markt nur mit kleineren Beträgen engagieren und die Asset Klasse eher als Beimischung zum Portfolio sehen.

3.6.1.2 Wein

Neben der Ansprache aller Sinne ist Wein auch als Anlageobjekt gefragt. Weingüter mit klangvollen Namen wie »Château Lafite-Rothschild«, »Château Latour«, »Château Margaux« oder »Château Pétrus« sind weltbekannt

---

67 Bei Investments in den USA sind allerdings steuerliche Besonderheiten zu berücksichtigen.

und produzieren Weine der Kategorie Premier Cru, die kaum jemand, der dieses Buch in Händen hält, jemals probieren wird. Die teuersten Weine der Welt stammen vorwiegend aus der französischen Region um Bordeaux, als Spitzenreiter gilt aber der 1945er Romanée-Conti (ein Burgunderwein) mit einem Preis von fast einer halben Million Euro für eine Dreiviertelliter-flasche, der 2020 erzielt worden ist.

Seit vielen Jahren werden für solche Kleinode auf Auktionen immer höhere Preise erzielt und so tummeln sich bei Auktionshäusern, über die gut 90 % der Verkäufe von exklusiven Weinen abgewickelt werden, nicht nur Interessenten, die an deren erlesenem Geschmack interessiert sind, sondern auch Kapitalanleger.

Die Entwicklung des Weinmarktes kann man u. a. übersichtlich anhand der Liv-ex-Indexfamilie verfolgen, die aus einer Reihe spezialisierter Subindices besteht. So gibt es geographisch orientierte Indices (z. B. der Bordeaux Legends 40 oder der Burgundy 150) und solche mit unterschied-licher Breite (z. B. der Fine Wine 50 oder der Fine Wine 1000), wobei die Zahl am Ende jeweils die Anzahl der im Index abgebildeten Weine dar-stellt. Dort lässt sich erkennen, dass die Wertentwicklung über 5 Jahre bei den meisten Indices in der Größenordnung zwischen 30 und 50 % liegt, was der Performance der meisten bekannten Börsenindices in diesem Zeitraum ungefähr entspricht. Allerdings korrelieren Weinpreise nur ge-ringfügig mit Aktienkursen, was die Assetklasse als Beimischung zu einem Portfolio zusätzlich interessant sein lässt, da sie im Portfoliokontext das Risiko reduziert.

Die meisten Anleger werden nicht über das nötige Kleingeld verfügen, um auch nur eine Flasche eines renommierten Bordeaux-Weins erwerben zu können – eine Flasche des 1982er Pétrus wird bei Sotheby's mit einem Preis von mindestens 25.000 € veranschlagt. Hinzu kommen Transport-kosten, Lagerungskosten und unter Umständen auch Versicherungsbeiträ-ge. Außerdem – man mag es kaum glauben – ist Fälschung keine Beson-derheit des Kunstmarktes.[68]

---

68 Der Wolfgang Beltracchi der Weinfälschung heißt Rudy Kurniawan. Er hatte sich in der Szene zunächst einen Namen gemacht als Burgunder-Spezialist und trug aufgrund seiner besonderen Präferenz für das Weingut »Domaine de la Romanée-Conti« den Beinamen Dr. Conti. Seine Fälschungen flogen auf, als der Inhaber des Weinguts »Domaine Ponsot« feststellte und bei einer Weinauktion darauf hinwies, dass der dort verkaufte 1945er Domaine Ponsot Clos St. Denis erst seit 1982 hergestellt wurde.

Einzelne Weingüter bieten über Weinstockpachten und Genussscheine die Möglichkeit einer »Anlage«, die meist mit einer Naturaldividende in Form einer bestimmten, im voraus festgelegten Menge Wein verbunden ist. In diesen Fällen partizipiert man jedoch nicht an potenziellen Wertentwicklungen der Weine eines bestimmten Winzers. Auch Aktien von Weingütern gibt es, jedoch sind diese wenig zahlreich und meist recht illiquide. Insofern bietet sich eher eine gestreute Anlage in Weinfonds an. Hier übernehmen die Fonds Kauf, Lagerung und Verkauf und der Anleger muss sich um diese Details nicht kümmern. Dafür schneiden sich die Fonds mit jährlichen und Performance-Gebühren natürlich einen Teil aus dem Kuchen der Gesamtwertsteigerung heraus. Auch eine Beteiligung an neuen (Start-up-)Weingütern ist beispielsweise über Fonds des französischen Investors Vincent Pretet möglich. Weinfonds werden in verschiedenen Ländern aufgelegt und vor einer Beteiligung sollte sich der Anleger über die Mindestvolumina, die Gebührenstruktur und die steuerliche Behandlung informieren.

3.6.1.3 Plattformen mit Schwerpunkt Sachwerte

Plattformen, die sich auf Kunst und Wein spezialisiert haben, gibt es derzeit noch wenige. Die Deutsche Börse AG hat gemeinsam mit dem Gründer von 360T (eine Devisenhandelsplattform, die 2015 an die Deutsche Börse verkauft wurde) die neue Plattform 360x gegründet, die reale Vermögensgegenstände vorwiegend über eine Blockchain-Lösung abbilden möchte. Allerdings liegt die Mindestinvestitionssumme zumindest zu Beginn noch bei 200.000 € und stellt für die meisten Anleger keine Option dar.

Als Beispiel für eine Plattform, die Investments in seltene Vermögensgegenstände anbietet, sei hier das Hamburger Unternehmen Finexity genannt, bei dem der Anleger ab 500 € in verschiedene Anlageobjekte investieren kann, u. a. Kunst und Wein (aber auch Diamanten, Uhren, Oldtimer, Immobilien etc.). Finexity fungiert als ein Intermediär zwischen dem Kunst- oder Weinhändler und dem Anleger und wickelt die Geldströme über eine für jedes Projekt spezifisch gegründete Tochtergesellschaft ab. Eine Abbildung der Eigentumsverhältnisse an einem Investment erfolgt über die Blockchain-Technologie, die Investition erfolgt über eine zinslose Schuldverschreibung (Anleihe). Durch diese Konstruktion soll gewährleistet werden, dass auch im Fall der Insolvenz der Plattform die Vermögensgegenstände nicht in deren Insolvenzmasse fallen, sondern als Sondervermögen der Investoren gelten.

Beispielhaft seien je zwei Kunst- und Weininvestments aus 2024 erwähnt:

- Das »Emerging Artists Portfolio« besteht aus 46 Werken von 7 aufstrebenden Künstlern, die zu einem Bestand mit einem Volumen von 18.750 € zusammengefasst wurden.
- »Yturralde Vibrant Collection« ist eine Sammlung von 4 Werken des spanischen Malers José Maria Yturralde aus verschiedenen Schaffensperioden mit einem Finanzierungsvolumen von 200.000 €.
- Der Anleger investiert beim »American Excellence Portfolio« in 156 Flaschen unterschiedlicher Größe (120 x 0,75 Liter, 24 x 1,5 Liter und 12 x 3 Liter) von 5 kalifornischen Weingütern bei einem Volumen von 54.500 €.
- Einen Finanzierungsumfang von 52.500 € weisen 300 Flaschen Rosé-Champagner von Taittinger des Jahrgangs 2007 auf.

Der Anleger kann sich nun ab dem genannten Mindestbetrag von 500 € bis zum Erreichen des Finanzierungsvolumens an den Projekten beteiligen. Die Laufzeit beträgt in der Regel 10 Jahre, gelegentlich auch mehr. Teilweise werden auch Beteiligungen an Kunstwerken angeboten, bei denen keine Informationen für den Anleger verfügbar sind und er sich auf die Expertise der Plattform verlassen muss, dass es sich um ein interessantes und renditeträchtiges Objekt handelt.

Zur Finanzierung der Dienstleistung der Plattform sowie für die Strukturierung und sachgerechte Lagerung der Kunstwerke und des Weins fallen natürlich Kosten an, die vom Anleger zu tragen sind. Diese sind auf der Webseite relativ transparent dargestellt und belaufen sich auf eine Größenordnung von ca. 10 % des Anlagevolumens. Darüber hinaus erhält Finexity bei Verkauf der Kunstwerke und Auflösung des Investments einen Anteil am Wertzuwachs. Dieser liegt bei 20 % und fällt vom ersten Euro an.[69]

---

69 Dies ist zum Beispiel bei Private-Equity- und Venture-Capital-Investitionen anders. Dort erhält das Unternehmen eine Gewinnbeteiligung von 20 % erst bei Überschreiten einer Mindestrendite, meist 8 %.

Wie fast bei allen Plattformen wird bei allen Projekten mit einer erwarteten Rendite geworben, die bei den oben beschriebenen Projekten bei gut 5 % p. a. liegen soll. Das Unternehmen gibt an, dass diese angenommenen Wertsteigerungen Extrapolationen historischer Renditen von Investitionen in Kunstwerke des jeweiligen Künstlers bzw. Weine des spezifischen Weinguts darstellen. Selbst wenn die prognostizierten Renditen realisiert würden, bleibt unklar, ob sich diese auf den Kaufpreis der Kunstwerke oder auf das Investitionsvolumen beziehen (die Differenz sind die oben erwähnten ca. 10 % Gebühren). Weiterhin ist von der Rendite ein Fünftel an die Plattform abzugeben. Die angegebene erwartete Rendite ist demnach eine Brutto-Rendite. Bei einer erwarteten Rendite von 6 % blieben demzufolge kaum mehr als 4 % Nettorendite für den Investor übrig, was dann aber nicht mehr übermäßig attraktiv erscheint.

Zahlenbeispiel zur Erläuterung der Renditereduktion (Grobkalkulation)

Kaufpreis für den Sachwert (anteilig): 9.000 €
Anlagevolumen: 10.000 €
Durchschnittliche Kapitalbindung: 10 Jahre
Angenommene Rendite von 6 % ergibt den Wert der Sachanlage: 16.100 €

a. Lagerkosten, Versicherungen, jährliche Gebühr sind abgedeckt durch die Differenz zwischen Kaufpreis und Anlagesumme.
b. Gewinnbeteiligung (20 %): 1.220 €

Zusammengefasst bleiben also von den knapp 7.100 €, die die Plattform durch geschickte Auswahl von Sachvermögensgegenständen erwirtschaftet hat, nur noch 4.900 € übrig (Gebühren und Gewinnbeteiligungen summieren sich auf 2.200 €). Das entspricht einer Rendite von gut 4 %.

Die Auswahl von Kunstobjekten und Weingütern ist positiv zu bewerten. Renommierte Künstler und Weine der Top-Weingüter der Erde stehen als Investitionsmöglichkeiten zur Verfügung. Bei neuen Projekten werden Bestandsinvestoren vorab informiert und können auch vor dem Start der eigentlichen Finanzierungsphase bereits investieren. Es wird nicht mit exorbitant hohen, sondern realistisch erscheinenden (Brutto-)Renditen geworben.

Da das Unternehmen erst im Jahr 2018 gegründet wurde und die Laufzeit der Investments in der Regel 10 Jahre oder länger ist, fehlt noch ein Track Record, ob die avisierten Renditen erreichbar sind. Die weiter vorne schon genannte US-amerikanische Plattform »Masterworks«, die Investments vor allem in moderne Kunst anbietet, ist zwar nicht wesentlich älter (2017 gegründet), hat aber bereits eine Reihe erfolgreicher Exits realisiert, die häufig zweistellige (Brutto-)Renditen erzielt haben.

In Deutschland ist die ebenfalls 2018 gegründete Plattform »Timeless« ähnlich strukturiert wie Finexity. Dort wird das praktisch gleiche Spektrum von Realwerten angeboten und selbst die optische Darstellung beider Webseiten ist recht ähnlich. »Timeless« weist auf bisher knapp 30 Exits mit meist zweistelligen Renditen hin (wobei die Rendite für den Zeitraum angegeben wird und nicht wie finanzmathematisch üblich als Jahresrendite).

Beide Unternehmen (Finexity und Timeless) sind in allen ihren Projekten Co-Investor und wollen damit zeigen, dass sie der eigenen Vorauswahl vertrauen.

3.6.1.4   Zusammenfassung – Eignung für Anleger

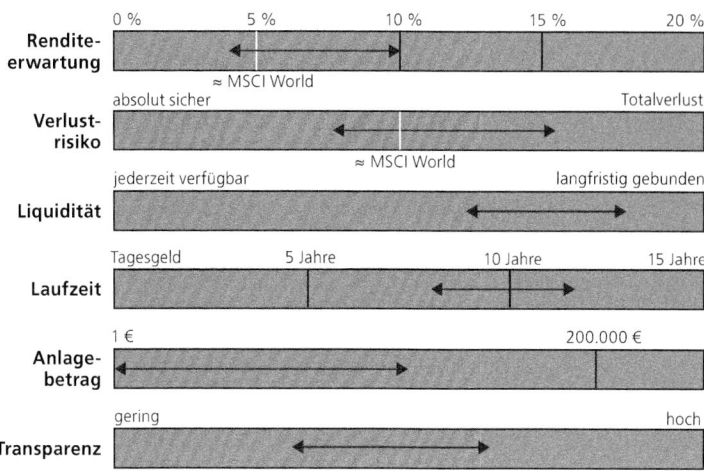

Dar. 25: Anlagecharakteristika von Investments in Sachwerten

Ein Investment in Kunst, Wein oder ähnliche reale Vermögensgegenstände ist nicht ohne Risiko. Aber die Gefahr, sein eingesetztes Kapital oder Teile davon zu verlieren, wird von Netto-Renditen im mittleren oder hohen einstelligen Bereich kompensiert. Lange Laufzeiten und die fehlende Existenz eines effizienten Zweitmarktes bedeuten, dass das Kapital meist langfristig gebunden ist.

Mehr als 25.000 € darf der Anleger pro Projekt nicht einsetzen. Persönliche Ansprechpartner stehen bei Rückfragen zur Verfügung, jedoch kann auch der gesamte Investmentprozess schlank über das Internet abgewickelt werden.

Einen Überblick über die Wertentwicklung der Anlagegüter wird zwar regelmäßig an die Investoren versandt, aber dabei handelt es sich eben um Schätzungen, die mehr oder weniger fundiert sein können. Bei Weinen kann man zumindest durch die verfügbaren Indices regelmäßig eine Entwicklung auch von Teilmärkten verfolgen, bei Kunst ist dies schwerer möglich.

3.6.2 Private Equity und Venture Capital

3.6.2.1 Marktüberblick

Unter Public Equity versteht man börsennotierte Gesellschaften (an der Börse wird der Wert des Eigenkapitals – englisch »equity« – gehandelt), während Private Equity (PE)-Unternehmen bezeichnet, die vereinfacht gesprochen in Privatbesitz sind. Wenn man von PE spricht, versteht man darunter aber nicht mittelständische oder Großunternehmen in Familienbesitz wie Aldi, Bertelsmann oder Bosch in Deutschland, sondern solche, die von professionellen Beteiligungsgesellschaften (Private-Equity-Gesellschaften) gehalten werden. Durch die Markterfahrung des Eigentümers und dessen Management-Know-how gepaart mit einer Auswahl von wachstumsstarken Unternehmen verspricht man sich eine hohe Wertsteigerung der Beteiligungen. Ähnlich verhält es sich bei Venture Capital (Wagniskapital), das jedoch ganz junge Unternehmen (Start-ups) im Fokus hat und diesen Kapital für Entwicklung und Wachstum bereitstellt.

Anders als die relativ kleinen Mindestbeträge, die bei digitaler Geldanlage über Plattformen angelegt werden müssen, liegt die Einstiegssumme bei einem Investment in Private Equity und Venture Capital gemäß Kapitalanlagegesetzbuch bei mindestens 200.000 €. Der Investor unterliegt demnach dem Status des sogenannten semiprofessionellen Anlegers. Wer sich im Finanz- und im Private-Equity-Bereich auskennt und dies auch den Plattformen nachweisen kann, kann eine Einstufung als professioneller Anleger beantragen, woraus halbierte Mindestanlagevolumina resultieren. Über diese Vehikel kann man indirekt in nicht börsennotierte Unternehmen investieren, sowohl vielversprechende Start-ups als auch etablierte Global Player.

Darstellung 26 zeigt die Renditemöglichkeiten, die im Vergleich zu anderen Assetklassen oft signifikant sind. Der Ausgangswert im Jahr 2003 ist indexiert, d. h. es wird ein gleicher Startpunkt angenommen. Man erkennt, dass Private Equity Investments (gemessen anhand des relevanten Index) im Vergleich zum MSCI World Index eine deutlich höhere Rendite aufzuweisen hatten. Ein Vergleich der Wertentwicklung zeigt die Unterschiede noch deutlicher auf: während eine Private Equity-Anlage in dem 20-Jahres-Zeitraum von 2003 bis 2023 den Wert des Ursprungsinvestments ungefähr verfünfzehnfachen konnte, hätte ein Investment in den

MSCI World (z. B. über ein ETF) nur zu etwas mehr als einer Verfünffachung geführt. Bei solchen Wertsteigerungen lohnt sich also trotz der hohen Mindestanlagesummen ein genauerer Blick.

Wenn hier beim MSCI World Index von einer Verfünffachung die Rede ist, dann handelt es sich dabei um eine Bruttogröße, die aufgrund von Inflation und Steuern zu relativieren ist. Eine angenommene Inflationsrate von 3,5 % p. a. entspricht schon mal einer Halbierung der Kaufkraft in diesem Zeitraum und auf die Erträge muss der Anleger selbstverständlich Steuern zahlen, in Deutschland 26,375 % zuzüglich evtl. Kirchensteuer. Es ist demnach also nicht so, dass eine Verfünffachung des Wertes z. B. eines ETF auf den MSCI World Index den Anleger nach 20 Jahren wirklich 5-mal reicher gemacht hat. Außerdem kann es in anderen Zeitintervallen auch zu einer deutlich schlechteren Performance kommen.

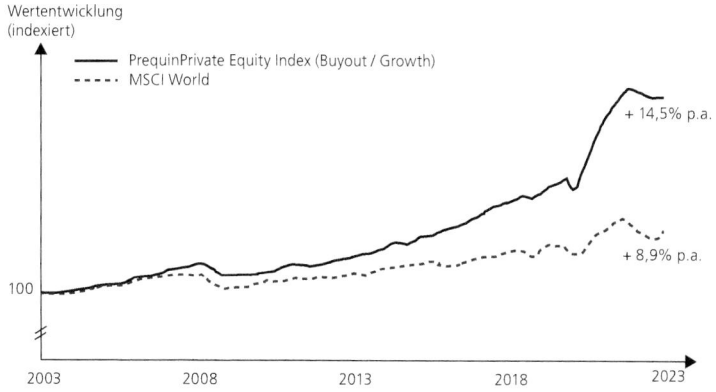

Dar. 26: Wertentwicklung PE-Investments im Vergleich zu Aktien (Quelle: Eigene Darstellung, Daten: Bloomberg, Mai 2021)

Der Markt wird dominiert von US-amerikanischen Private-Equity- bzw. Venture-Capital-Gesellschaften (sehr häufig in New York bzw. im Silicon Valley beheimatet), die in der Regel alle paar Jahre einen Fonds über mehrere hundert Millionen USD oder sogar Milliardenbeträge bei Investoren einsammeln und damit Anteile an Start-ups, Wachstumsunternehmen oder etablierten Unternehmen erwerben und diese mit ihrem Knowhow unterstützen. Ziel ist, die Beteiligungen in 5 bis 8 Jahren wieder mit erheblichem Gewinn zu veräußern. Die Gesamtlaufzeit von solchen Fonds beträgt meist 10 Jahre, die um weitere Jahre verlängert werden können.[70] Zum Zeitpunkt der Beteiligung an dem Fonds weiß der Investor noch nicht, welche Unternehmen von dem eingesammelten Geld gekauft werden (man bezeichnet das als »blind pool«) und kennt auch die Laufzeit seines Investments nicht.

Solche Gesellschaften erzielen sehr häufig deutliche Überrenditen gegenüber dem Kapitalmarkt. Bei der Ermittlung der tatsächlichen Rendite sind jedoch einige Besonderheiten des Private-Equity- und Venture-Capital-Marktes zu berücksichtigen.

- Zunächst einmal weicht die Struktur der Einzahlungen des Kunden von traditionellen Produkten insofern ab, als keine Einmalzahlung zu Beginn über den gesamten Investitionsbetrag fällig wird, sondern das zugesagte Volumen dann abgerufen wird, wenn die Fondsgesellschaft aufgrund konkreter Marktopportunitäten Beteiligungen erwirbt (sogenannte Capital Calls). Der Zeitraum, über den die Einzahlungen sich erstrecken, kann bis zu 5 Jahre betragen.
- Bei den Rückzahlungen gilt das gleiche Prinzip. Wenn die Fondsgesellschaft die Beteiligung veräußert hat, führt sie das Kapital inklusive der Gewinnanteile an die Investoren zurück. Der Investor leistet bzw. erhält die Zahlungen also nicht dann, wenn es für ihn passend ist, sondern zum idealen Zeitpunkt aus Perspektive der PE-/VC-Gesellschaft.

Die dargestellte beispielhafte Struktur der Zahlungen des Investors und der Rückzahlungen durch die Fondsgesellschaft resultiert im Vergleich zu traditionellen, zu Beginn voll eingezahlten Anlagemöglichkeiten (▶ Dar. 27: Termingeld: Rendite entspricht der 3-prozentigen Verzinsung) in einer tendenziell höheren Rentabilität, da die Kapitalbindung im Durchschnitt deutlich geringer ist.[71] Bei einer Streckung der Einzahlun-

---

70 Die Verlängerungsoption, die oft weitere 1 bis 4 Jahre umfasst, ist notwendig, um nicht nach genau 10 Jahren vielversprechende Beteiligungen in schlechten Marktphasen veräußern zu müssen.

71 Bei dem Betrag von 160.000 € an Rückflüssen in Darstellung 27 handelt es sich um ein Beispiel. In der Realität besteht zumindest die Hoffnung, dass dieser Betrag (viel) höher ist. Auch das Ende der Laufzeit bei 10 Jahren ist aus Vergleichsgründen vereinfacht dargestellt, dies liegt in der Regel etwas später.

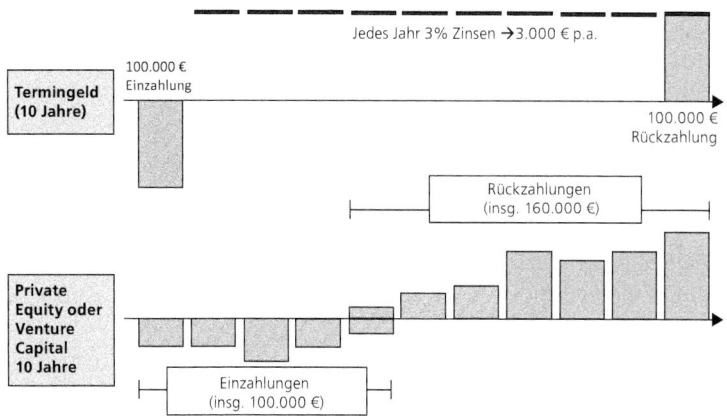

Dar. 27: Zahlungsstromstruktur Termingeld versus Private Equity (PE) und Venture Capital (VC)

gen über 5 Jahre entspricht das vereinfacht einem durchschnittlichen Einzahlungszeitpunkt von 3 Jahren, während die Rückzahlungen über die Jahre 5 bis 10 (manchmal auch darüber hinaus) im gewichteten Mittel bei ca. 8 Jahren liegen. Der Gewinn bezieht sich demnach auf die durchschnittliche Kapitalbindung von ca. 5 Jahren und resultiert in einem höheren Ausweis der Rentabilität.[72] Die Branche gibt die Rendite in Form des sogenannten internen Zinsfußes (Internal Rate of Return, IRR) an. Erfolgreiche Fonds generieren unter diesen Berechnungsmethoden Renditen von über 25 % pro Jahr brutto (d. h. vor Gebühren).

Wenn man über das nötige Kapital verfügt, um über mehrere Jahrgänge (sogenannte Vintages) in PE oder VC zu investieren, kann man im Prinzip aus den Rückzahlungen der alten Vintages die Capital Calls der neuen Fonds bestreiten.

---

72 Legt man 200.000 € an und erzielt bei einer 10-jährigen Laufzeit 15 % Rendite (das ist der Wert, der seitens einer PE-Gesellschaft angegeben wird), würde man eine Kapitalauszahlung von ca. 800.000 € erwarten. Da die durchschnittliche Kapitalbindung jedoch nur ca. 5 Jahre beträgt, kommt auch nur ungefähr die Hälfte dieses Betrages am Ende heraus. Dessen muss sich ein Investor bewusst sein. Aber mal ehrlich: Wer schafft selbst in 10 Jahren wirklich eine Verdopplung seines Anlagebetrages? Dazu wäre Jahr für Jahr eine Rendite von über 7 % erforderlich, was höher ist als die Rendite des MSCI, also für Privatinvestoren eher unrealistisch.

Die Abrechnungswährung für fast alle, auch kontinentaleuropäische oder britische Fonds ist der USD, da die weitaus größte Anzahl von Beteiligungen in dieser Währung abgewickelt wird. Insofern entsteht dem in Deutschland beheimateten Investor ein Währungsrisiko in Bezug auf den Wechselkurs zwischen USD und Euro. Dies manifestiert sich über den gesamten Anlagezeitraum, da sämtliche Zahlungsströme vom Anleger an den Fonds und zurück in Fremdwährung erfolgen. Den Zeitpunkt von Capital Calls und Rückzahlungen kann der Investor nicht selbst beeinflussen. Jedem Capital Call muss in USD nachgekommen werden, insofern sind diese dann zu erwerben und an das Konto des Fonds zu transferieren. Da Capital Calls häufig nur mit einer Frist von 10 bis 14 Tagen Vorlauf bekannt gegeben werden, kann der Anleger entweder in Antizipation eines anstehenden Capital Calls bereits sukzessive USD zu vermeintlich günstigen Kursen kaufen (Hoffnung auf schwachen USD) oder den vollständigen Betrag in einer Summe erwerben. Auch bei einer Teilrückzahlung aus dem Fonds besteht ein Währungsrisiko, aber in umgekehrter Richtung (Hoffnung auf starken USD).

Exkurs: Gebühren bei Fremdwährungsüberweisungen

Bei Zahlungen in Fremdwährung verlangen Geschäftsbanken nicht unerhebliche Gebühren, häufig weit über 1 % des Überweisungsbetrages. Hinzu kommt ein meist für den Kunden nachteiliger Wechselkurs. Es gibt aber eine Reihe von Internetplattformen, über die ein Transfer von Fremdwährungsbeträgen zu deutlich geringeren Kosten abgewickelt werden kann. Beispielhaft seien die britischen Unternehmen Wise oder World Remit genannt, die jedoch eine unterschiedliche Palette an Dienstleistungen und Währungen anbieten. Für die Rückzahlungen aus den Fonds ist in der Regel ein auf USD lautendes Konto erforderlich, was nicht bei allen Transfer-Plattformen zur Verfügung steht. Auch wenn die entsprechenden Plattformen nicht selbst dem Einlagenschutz unterliegen, so werden die Kundengelder doch in der Regel bei Kreditinstituten gehalten, die diese Sicherheit aufweisen.

In jedem Fall kann der Investor nur bedingt Einfluss auf den Wechselkurs nehmen. Dies kann zwar selbstverständlich auch positive Auswirkungen auf die Rendite haben, aber ggf. wird eben auch ein (nicht unerheblicher) Teil der Rendite eines Private-Equity-Fonds aufgefressen, wenn der Dollarkurs sich in die falsche Richtung bewegt (d. h. über Zeit schwächer wird).

Während der Laufzeit der Investments bekommt der Anleger turnusmäßig (meistens quartalsweise) Auswertungen zur Wertentwicklung. Die meist angelsächsisch geprägten Fondsgesellschaften verwenden hierfür natürlich Englisch als Berichtssprache und es werden mehrere Kennzahlen verwendet, deren Bedeutung dem Privatanleger meistens unbekannt sein dürften, die jedoch nicht allzu komplex sind. Die standardmäßig publizierte Kennzahl MOIC (Multiple on Invested Capital) gibt an, um das Wievielfache die Unternehmen im spezifischen Fonds an Wert zugelegt haben.[73] Da es sich aber bei den Beteiligungen der Fondsgesellschaft nicht um börsengehandelte Unternehmen handelt, ist jede Wertentwicklung vor dem Verkauf des Unternehmens und der Realisierung der Gewinne selbstverständlich mit Unsicherheiten behaftet.

Steuerlich sind Erträge aus Private Equity und Venture Capital anders zu behandeln als sonstige Kapitalerträge und unter der Kategorie »Einkünfte aus Gewerbebetrieb« zu deklarieren. Hier findet das sogenannte Teileinkünfteverfahren (siehe § 3 Nr. 40 Einkommensteuergesetz) Anwendung, das die steuerliche Behandlung von Beteiligungen an Kapitalgesellschaften regelt. Im Prinzip bleiben bei natürlichen Personen 40 % der Erträge (i. d. R. Veräußerungsgewinne) außen vor und 60 % sind mit dem persönlichen Steuersatz zu versteuern.

3.6.2.2 Digitale Geldanlage in Private Equity und Venture Capital

In dem Marktsegment sind mittlerweile mehr und mehr Akteure zu finden. Teilweise werden Private-Equity- bzw. Venture-Capital-Beteiligungen auch von einigen Unternehmen vermittelt, die bereits mit anderem Schwerpunktsetzung weiter vorne erwähnt wurden. Da die Mindestinvestitionssumme mit 200.000 € pro Projekt bisher sehr hoch liegt, führt dies dazu, dass anders als bei anderen Plattformen, die Privatkunden ins Visier ge-

---

73 Ein MOIC von 2 entspricht einer Verdopplung des Wertes der Beteiligungen gegenüber dem Kaufzeitpunkt.

nommen haben, die potenzielle Anzahl der Kunden relativ gering ist. So haben die beiden nachfolgend dargestellten Plattformen bisher nur eine vierstellige Kundenzahl.

Da so wenige Personen aufgrund der hohen geforderten Investitionsvolumina von Anlagen in Private Equity und Venture Capital profitieren können, hat die EU die regulatorischen Vorgaben geändert. Seit Anfang 2024 sind auch Investments in sogenannte ELTIF[74] für Privatpersonen eine wirkliche Alternative. Diese ermöglichen u. a. Investments in Private Equity ab einer Mindestinvestition von 10.000 €. Viele Kapitalanlagegesellschaften arbeiten derzeit an der Konzeption und Emission von solchen neuen ELTIFs. Es bestehen also gute Möglichkeiten, dass sich der Markt für PE und VC dahingehend weiterentwickelt, dass auch in einigen Jahren Anleger, die nur über begrenztes, aber immerhin fünfstelliges Vermögen verfügen, einen Teil ihres Portfolios in Private-Equity-Beteiligungen investieren.

Liqid

Das 2016 gegründete Berliner Unternehmen Liqid ist eigentlich ein Robo-Advisor. Liqid unterscheidet sich jedoch von den meisten anderen Angeboten durch die relativ hohe Mindestanlagesumme von 100.000 € (insgesamt, nicht bezogen auf PE). Grundsätzlich können Anleger bei dem Unternehmen die gleichen Angebote finden wie bei den Wettbewerbern im Robo-Advisory-Bereich, bis auf zwei Ausnahmen: Private Equity und Venture Capital. Liqid bietet Investoren die Möglichkeit, sich an Portfolien von PE- oder VC-Fonds zu beteiligen, die von Kooperationspartnern zusammengestellt wurden. Dabei gibt es zwei Varianten:

---

74 ELTIF steht für European-Long-Term Investment Fund und basiert auf einer EU-Verordnung aus dem Jahr 2015. Schon damals war das Ziel der EU, die Bürgerbeteiligung an langfristigen Kapitalanlagen wie Private-Equity- oder Infrastrukturprojekten, u. a. im Bereich erneuerbarer Energien, zu erhöhen. Allerdings haben aufgrund der Rahmenbedingungen nur wenige Kapitalverwaltungsgesellschaften entsprechende Produkte angeboten. Die Regelungen wurden deutlich überarbeitet und die seit 2024 gültige Variante von ELTIF ist auch für Privatanleger mit begrenzten Mitteln durchaus interessant.

- Die Mindestanlagesumme bei PE PRO entspricht den bisher gesetzlich vorgeschriebenen 200.000 € bzw. 250.000 USD (bzw. die Hälfte davon, wenn man als professioneller Anleger qualifiziert). Das Anlagevehikel wird dann Liqid PE I (aus 2017) bis Liqid PE V (aus 2024) genannt. Hier arbeitet Liqid mit HQ Capital in Bad Homburg zusammen, einer Tochtergesellschaft des Family Offices der Familie Quandt.
- Mit 10.000 € und einem monatlichen Sparplan von 200 € (oder 20.000 € einmalig) kann der Anleger bei Liqid PE NXT einsteigen. Diese Variante wird als Co-Investment bezeichnet. Dabei investiert der Anleger direkt neben PE-Fonds in Zielunternehmen. Die Abwicklung erfolgt über den New Yorker Spezialisten Neuberger Berman.

Bei der ersten Variante (PE PRO) sind die Investitionsvehikel wie üblich eigenständige Gesellschaften, die die Beteiligungen von der Insolvenzmasse des Vermittlers abschotten sollen. Die Fonds werden vom Kooperationspartner zusammengestellt und das Portfolio besteht aus meist ca. 10 bis 15 verschiedenen Ziel-Fonds, wobei renommierte Namen mit an Bord sind: Bain Capital, Blackstone, Carlyle Group, Cinven, CVC, EQT, KKR, Permira etc. Diese sogenannte Dachfondsstruktur (ein Dach über 10 bis 15 Fondbeteiligungen) reduziert aufgrund der Streuung das Risiko.

Die Verwaltungsgebühr wird mit jährlich 0,79 % (gestaffelt, bei höheren Beteiligungssummen sinken die Gebühren) und die laufenden Kosten mit 0,2 % p.a. angegeben, in Summe also gut 1 % p.a. (wenn man kein Vermögensverwaltungsmandat mit Liqid abgeschlossen hat, kommt noch eine 1 %-ige Initialisierungsgebühr hinzu). Eine Erfolgsbeteiligung auf Dachfondsebene fällt nicht an, hinzu kommen natürlich die nicht gerade insignifikanten Gebühren der Fondsgesellschaften sowie deren potenzielle Gewinnbeteiligung (meistens 20 % nach Erreichen einer Renditeschwelle von 8 %). Liqid zielt auf eine Rendite von 15 % nach sämtlichen Kosten ab. Vor einigen Jahren war das Unternehmen noch konservativer und stellte dem Anleger eine erwartete Rendite von 8 % in Aussicht.

Die an der geänderten ELTIF-Gesetzgebung orientierte Co-Investment Variante PE NXT ist im Prinzip ein Vehikel mit endloser Laufzeit. Will der Anleger sein Geld zurückbekommen, muss er seine Anteile verkaufen. In der Aufbauphase des Fonds ist dies nur dann möglich, wenn neue Anleger in den Fonds eintreten und die Anteile übernehmen. Danach kann man bis zu 5 % der Anlagesumme pro Quartal direkt an den Fonds zurückgeben oder auf dem Sekundärmarkt verkaufen. Wie lange man benötigt, um seine Fondsanteile zu liquidieren und welchen Preis man dafür erhält, ist also vollkommen offen und kann Jahre dauern und mit Verlusten verbunden sein. Die Variante kommt also nur bei Anlegern in Frage, die langfristig auf ihr Geld verzichten können und günstige Zeiträume für die (Teil-)Liquidation ihrer Anteile nutzen können.

Bei Venture-Capital-Investitionen arbeitet Liqid mit dem britischen Spezialisten VenCap zusammen, der maßgeblich bei der Fondsauswahl für den Dachfonds beteiligt ist. Die grundsätzliche Struktur entspricht dem PE PRO Ansatz. Hier gibt es bisher 3 seit dem Jahr 2020 aufgelegte Fonds, in denen Gesellschaften wie Khosla Ventures, Firstmark (hat in sehr frühen Finanzierungsrunden z. B. Anteile an Shopify, Airbnb und Pinterest erworben) und Lightspeed (z. B. Snapchat-Beteiligung) enthalten sind. Die Gebühren sind mit 1,18 % jährlich noch einmal höher als bei einer Private-Equity-Beteiligung, dafür wird mit einer erwarteten Rendite von 20 % p. a. geworben.

Liqid arbeitet über die Partner HQ Capital, Neuberger Berman und VenCap mit renommierten PE- und VC-Gesellschaften zusammen und bietet Investoren einen Zugang zu interessanten Playern im Markt, allerdings nur in einer diversifizierten Struktur. Durch die Vielzahl der Beteiligten (Liqid, Kooperationspartner sowie die die Fonds auflegenden Gesellschaften) fallen auf mehreren Ebenen Gebühren und Gewinnbeteiligungen an. Dadurch besteht die Gefahr, dass bei einem diversifizierten Portfolio keine so hohe Rendite übrig bleibt wie dies die im Vorfeld als erwartete Rendite deklarierten Zielgrößen suggerieren.

Moonfare

Die Plattform Moonfare wurde 2017 gegründet und hat ihren Sitz ebenfalls in Berlin. Sie bietet Anlegern, die über die genannten Volumina des Kapitalanlagegesetzes verfügen (200.000 € pro Investition oder die Hälfte bei entsprechenden fachlichen Kenntnissen) die Möglichkeit, an dem ansonsten unzugänglichen Markt für Private Equity und Venture Capital zu partizipieren.

Ähnlich wie Liqid bietet Moonfare auch eigene Dachfonds an, die wiederum in Primärfonds investieren. Dabei werden Anteile von ca. 8 bis 10 Fondsgesellschaften gezeichnet, so dass der Anleger bereits einen

Diversifikationseffekt mitgeliefert bekommt. Die Beteiligung wird gesellschaftsrechtlich über eine Luxemburger Moonfare-Tochtergesellschaft abgewickelt. Der Mindestanlagebetrag für diese Fonds ist jedoch nur die Hälfte des im Kapitalanlagegesetzbuch genannten Betrages (50.000 € für professionelle und 100.000 € für semiprofessionelle Anleger).

Bei diesen Transaktionen werden Kosten von jährlich 1 bis 1,5 % (je nach Fonds aufgeteilt in 0,7 % bis 0,8 % Gebühr und 0,3 % bis 0,5 % administrative Kosten, eine einmalige Verwaltungsgebühr von 1 % sowie geringfügige Beträge auf Ebene des Dachfonds) fällig, jedoch keine Gewinnbeteiligung.

Darüber hinaus kann man bei Moonfare jedoch auch direkte Beteiligungen an individuellen Fonds eingehen. Damit besteht die Möglichkeit, in Fonds von renommierten Gesellschaften mit einem erfolgreichen Track Record zu investieren. Die Beträge werden ebenfalls über eine in Luxemburg ansässige Moonfare-Gesellschaft geleitet, die man als Feeder Fund bezeichnet. Die Gebühren für das Modell »Moonfare direct« schwanken über die Laufzeit des Fonds in Abhängigkeit vom eingezahlten Kapital. Grob kalkuliert liegt die Managementgebühr bei jährlich ca. 1 % des investierten Betrages. Hinzu kommen auch hier natürlich wieder die Gebühren, die auf Ebene des einzelnen Fonds anfallen.

Seit Mitte 2024 bietet Moonfare auch zwei Alternativen mit geringeren Mindestinvestitionssummen an:

• In ein von Moonfare selbst aufgelegtes Sekundärmarkt-Vehikel kann ab 25.000 USD investiert werden. Diese sogenannten »Secondaries« sind Fonds, die in laufende Fondsstrukturen investieren und deren Startbeginn somit zu einem späteren Zeitpunkt im Lebenszyklus der Beteiligungen beginnt und die dadurch früher Kapitalerträge ausschütten.

• Noch in Planung ist ein auf der ELTIF-Regulierung aufbauendes Produkt mit einer Mindestinvestitionssumme von 10.000 € an, das der Struktur von Liqid NXT ähnelt (ohne Sparplan).

Bei Einmalgebühren von 1 % und jährlichen Kosten von bis zu 2 % ist die Verwaltung der eingezahlten Gelder jedoch relativ teuer.

Das Unternehmen arbeitet mit sehr renommierten Partnern zusammen und verlangt bei den Dachfonds etwas höhere Gebühren als Liqid.

Aber für den Zugriff auf Fonds mit einer solchen Performance-Historie ist ein entsprechender Aufschlag wohl gerechtfertigt.

Zusammenfassung – Eignung für Anleger

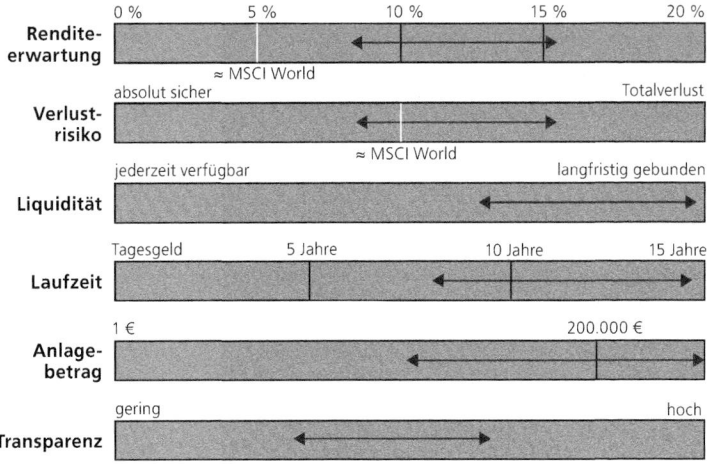

Dar. 28: Anlagecharakteristika Private Equity und Venture Capital

Der deutsche Markt wird von den beiden genannten Plattformen Liqid und Moonfare dominiert. Es gibt zwar noch kleinere Unternehmen, die hin und wieder einzelne Deals anbieten, aber nicht annähernd in der Qualität und Breite wie die beiden genannten Protagonisten.

Private Equity und Venture Capital bieten ein sehr gutes Rendite-Risiko-Verhältnis – wenn man sich ein Investment denn leisten kann. Die hohen Mindestinvestitionssummen schließen per se einen Großteil der Privatkunden aus. Hinzu kommt eine lange Laufzeit, die jedoch (ebenso wie die Kapitalbindung) durch den Erwerb von Secondaries reduziert werden kann. Durch die neue ELTIF-Regulierung der EU können zukünftig auch Anleger mit deutlich geringeren Beträgen (ab 10.000 €) in Private Equity und Venture Capital einsteigen. Hier fehlen aber gegenwärtig noch die Erfahrungen hinsichtlich Abwicklung und langfristiger Perspektive, wobei davon auszugehen ist, dass auch hier Renditen oberhalb des Aktienmarktes erzielt werden können.

Aufgrund der sehr geringen Liquidität der Beteiligungen bietet z. B. Moonfare einen Sekundärmarkt an, auf dem zu festgelegten Zeiträumen (zweimal pro Jahr) Anteile an Fonds auf Basis eines Auktionsverfahrens den Besitzer wechseln können. Ob ein Anleger seine Beteiligung aber zu einem für ihn vertretbaren Preis abgeben kann, ist offen und hängt von der Nachfrage und der Wertentwicklung ab.

Die Reports der Private-Equity-Gesellschaften sind zwar detailliert, aber sie beruhen auf Annahmen hinsichtlich der Wertentwicklung. Ob ein Verkauf der Unternehmen zu dieser Bewertung tatsächlich möglich ist, kann erst beurteilt werden, wenn konkrete Kaufangebote auf dem Tisch liegen. Bei Private Equity ist aufgrund der langen Laufzeit Geduld erforderlich. Wer täglich auf seinen Depotauszug mit aktueller Marktbewertung blicken möchte, ist damit nicht gut beraten.

Beworben werden die Investments meist mit den Bruttorenditen (im Beispiel 15 %), wovon jedoch nur ein Teil bei den Investoren ankommt. Signifikante Gebühren und Gewinnbeteiligungen reduzieren die Rendite. Allerdings hat eine professionelle, den Markt zuverlässig schlagende Vermögensverwaltung eben auch ihren Preis. Der ist – und das natürlich im beiderseitigen Interesse der Gesellschaft und des Anlegers – umso höher, je mehr Wert geschaffen wurde. Wenn man als Anleger Zugang zu diesem Markt haben möchte, muss man in den sauren Apfel beißen und die hohen Gebühren und Gewinnbeteiligungen akzeptieren.

Nicht zuletzt muss jeder in der Bundesrepublik ansässige Anleger sich darüber im Klaren sein, dass Erträge in Deutschland zu versteuern sind. Eine direkte Beteiligung bei einer US-amerikanischen PE-Gesellschaft (wofür dann sicherlich 7-stellige Beträge erforderlich wären), zwingt den Anleger, sich um steuerliche Angelegenheiten selbst zu kümmern, da ausländische Kapitalanlagegesellschaften und Fonds in der Regel keine Jahressteuerbescheinigungen nach deutschem Recht ausstellen. In Deutschland ansässige Intermediäre wie Liqid oder Moonfare sind die Anforderungen des Fiskus natürlich bekannt und sie unterstützen den Anleger bei den Vorbereitungen der Erklärung der mit PE generierten Erträge in der Steuererklärung.

4   Empfehlungen und Ausblick

So lange in Deutschland die Altersversorgung vor allem auf einer umlagefinanzierten Rente basiert, wird es für die meisten Menschen eine Versorgungslücke im Ruhestand geben. Es ist absehbar, dass diese Lücke in Zukunft eher größer als kleiner wird, so dass niemand umhin kommt, sich mit seiner persönlichen Geldanlage zu beschäftigen, um seinen Lebensstandard einigermaßen sichern zu können. Auch der Gesetzgeber initiiert immer wieder mehr oder weniger erfolgreiche Altersvorsorgeprodukte wie z. b. die Riester- und Rürup-Renten oder das aktuell in Vorbereitung befindliche Altersvorsorgedepot, um den Bürgern Anreize zu setzen, sich mit der Schließung der Versorgungslücke auseinanderzusetzen. Diese staatlichen Angebote versprechen häufig Zuschüsse, die die Rendite nicht unerheblich erhöhen können und jeder Anleger ist gut beraten, sich diese Angebote anzuschauen und ihren Abschluss zu erwägen. Die Beträge, die im Rahmen staatlicher Unterstützung als Zuschüsse zu realisieren sind, betragen aber kaum mehr als wenige hundert Euro – sicherlich ein nettes Zubrot, aber keinsfalls genug, um für das Alter vorzusorgen. Aber auch wenn der Ruhestand gesichert ist, gibt es Bedarf für Geldanlage und die Möglichkeiten sind vielfältig.

Sehr lange haben Anleger sich fast ausschließlich auf die Ratschläge ihrer Kreditinstitute verlassen, aber mittlerweile sind eine Vielzahl von Ansätzen entstanden, Geld auch abseits des Bankensystems mit interessanten Renditemöglichkeiten zu investieren. Im dritten Kapitel dieses Ratgebers wurden die wesentlichen Anlagealternativen über Internetplattformen erläutert und eingeordnet. Alle haben ihre Berechtigung, da sie dem Investor Optionen verschaffen, je nach Präferenz sein Geld einzusetzen. Dieser Ratgeber hat diese Ansätze systematisch aufbereitet und dargestellt und jetzt werden sicher einige Leser sich fragen »Was mache ich nun mit diesen Informationen?«

Mit der Darstellung der verschiedenen Anlagealternativen ist meine Arbeit im Prinzip getan. Jetzt sind Sie dran und müssen über einige Aspekte nachdenken. Über allem schwebt die Frage »Wer bin ich?« und das meine ich natürlich nicht im philosophisch-existenzialistischen Sinne, sondern bezogen auf die eigene Person als Anleger, die man verstehen sollte, bevor man Investitionsentscheidungen trifft.

Je besser man sich und seine Situation begreift, umso eher ist man in der Lage, ein für seine persönlichen Zwecke passendes Portfolio zusammenzustellen (oder zusammenstellen zu lassen). Im Prinzip gilt es, sich detailliert mit folgenden Fragestellungen auseinanderzusetzen:

• Wie viel Geld habe ich zur Verfügung (einmalig oder monatlich)?
• Welches Ziel verfolge ich mit meiner Kapitalanlage?
• Wie viel Zeit will ich (regelmäßig) dem Thema Finanzen widmen?

Anlagevolumen

Das Geld, das einer Person für die Anlage zur Verfügung steht, entwickelt sich nicht linear, sondern in Sprüngen – nach oben und nach unten. Viele verfügen sicherlich über ein Anfangskapital und können zusätzlich monatlich mehr oder weniger feste Beträge zur Seite legen. Aber größere einmalige Ausgaben (beispielsweise für Urlaube und Anschaffungen) und Einnahmen (z. B. durch Sonderzahlungen im Beruf, Schenkungen, Erbschaften, Lottogewinne) oder neu hinzukommende monatliche Belastungen (z. B. für das Studium der Kinder oder die altersgerechte Unterbringung der Eltern) führen immer wieder zu Veränderungen des Kapitals, das für die Geldanlage tatsächlich verfügbar ist.

Bevor man sich also für eine bestimmte Portfoliozusammensetzung entscheidet, gilt es, sich zumindest einen groben Plan zu erstellen, aus dem hervorgeht, wie hoch die Anlagesumme für einen gewissen absehbaren Zeitraum ungefähr sein dürfte. Übertreiben braucht man es hier mit der Genauigkeit nicht, denn es passiert ohnehin immer wieder Unvorhergesehenes und bei manchen Aspekten ist zwar klar, dass sie irgendwann einmal eintreten, aber z. B. der konkrete Zeitpunkt einer Erbschaft ist ja selten genau zu bestimmen – und wenn doch, sollte die Polizei Ermittlungen aufnehmen.

Für den ersten Fall – unvorhergesehene Ausgaben – hält man in seinem Portfolio eine Liquiditätsreserve, auf die man jederzeit zugreifen kann. Der zweite Fall – ungeplante Einnahmen – gibt einer Person die Möglichkeit, über die Zusammensetzung der Geldanlagen noch einmal ganz neu nachzudenken, da die hinzugekommene Summe es nun ggf. erlaubt, auch andere Formen der Kapitalanlage in Betracht zu ziehen.

Die Planung des Anlagevolumens ist also kein einmaliger Prozess, sondern muss turnusmäßig immer wieder überprüft und der Realität angepasst werden. Grundsätzlich sollte sich die Zusammensetzung des Portfolios an dem zunächst zur Verfügung stehenden Kapitalstock orientieren. Monatlich hinzukommende Beträge können dann entweder angesammelt und summarisch investiert oder über Sparpläne angelegt werden.

In welche konkreten Finanzprodukte investiert wird, hängt dabei auch von der Höhe der eingesetzten Mittel ab. Hat jemand (nach Abzug der Liquiditätsreserve) 10.000 € zur Verfügung, sollte das Geld möglichst sicher angelegt werden, um keine Verluste zu riskieren. Bei einem Vermögen von 100.000 € ist das schon anders. Hier kann der Anleger einen Teil seines Kapitals durchaus in riskantere Anlagen stecken. Wenn bei einem solchen Vermögen einmal 1.000 € verloren gehen, lässt sich das leichter verkraften und durch andere Anlageergebnisse wieder ausgleichen als bei kleinen Anlagevolumina. Darüber hinaus erleichtert ein höherer Anlagebetrag natürlich auch die Streuung in verschiedene Anlageklassen, was das Risiko insgesamt senkt.

Diese Betrachtung zeigt aber auch das Dilemma auf, in dem sich Personen mit geringen Anlagebeträgen befinden. Um ihr kleines Vermögen zu sichern, dürfen sie nicht allzu spekulativ vorgehen, aber diese erhöhte Sicherheit geht natürlich zu Lasten der zu erwartenden Rendite. Durch das höhere Risiko, das man mit größerem Vermögen eingehen kann, hat man auch die Chance auf eine höhere Rendite und damit Vermögenszuwachs.

Die oben angesprochene Liquiditätsreserve ist zwingend erforderlich, um auf unvorhergesehene Ereignisse reagieren zu können. Die Höhe hängt von der spezifischen Lebenssituation des Anlegers ab, aber Verbraucherschutzorganisationen raten Privathaushalten, mindestens 2–3 Nettoeinkommen vorzuhalten. Diese Reserve kann durch Guthaben auf Girokonten (in der Regel unverzinst) oder auf Tagesgeldkonten gehalten werden, um jederzeit darauf zugreifen zu können. Auch eine Kreditlinie auf einem Girokonto kann als Liquiditätsreserve interpretiert werden, ist aber aufgrund der hohen anfallenden Sollzinsen bei Ausnutzung der Kreditzusage aus Kostengründen nicht unbedingt empfehlenswert. Risikofreudige Anleger (insbesondere solche, die über eher geringe Vermögenswerte verfügen und diese vollständig zur Generierung von Rendite einsetzen möchten), können auch Wertpapiere in Depots als Liquiditätsreserve einsetzen. Allerdings unterliegen diese Kursschwankungen und es besteht die Gefahr, sie zu ungünstigen Kursen verkaufen zu müssen, wenn eine finanzielle Notlage entsteht. Wenn schon Wertpapiere als Reserve für solche Fälle genutzt werden, dann bieten sich eher Anleihen von Top-Schuldnern mit geringer Restlaufzeit als stärker schwankende Aktien an.

Motivation

Wofür das angesparte Geld verwendet werden soll, bestimmt den Betrachtungshorizont. Sparen für einen Urlaub oder eine Anschaffung hat eher eine kurz- bis mittelfristige Perspektive, während der Vermögensaufbau für die Altersvorsorge eher langfristigen Charakter hat. Abhängig von dem Zeitpunkt (oder Zeitraum), zu dem das angesparte Vermögen dann ausgegeben werden soll, ergeben sich auch unterschiedliche Anlagealternativen.

Ist der Anlagehorizont eher kurz und der Termin für die erwartete Ausgabe relativ fix, sollte man von allzu riskanten Investments absehen. Alle Finanzprodukte, die Wertschwankungen aufweisen (und dazu gehören auch Aktien, Anleihen und ETFs), bieten sich dann für ein Investment nicht unbedingt an. Auch solche, die von vornherein auf eine eher längere Laufzeit ausgelegt sind (wie die meisten Crowdfunding-Investments oder reale Vermögensgegenstände), sind hier nicht zielkonform. Was bleibt, sind Festgelder und einzelne Crowdinvestments (z. B. nachrangige Immobilienfinanzierungen mit fester, aber kürzerer Laufzeit), wobei letztere zwar höher verzinst sind als Festgelder, aber auch ein signifikant höheres Risiko aufweisen, da bei Totalverlust kein Einlagensicherungsfonds einspringt und die Gelder garantiert.

Hat der Anleger dagegen ein zeitlich unspezifisches Ziel (z. B. Anschaffung in 3 bis 5 Jahren), kommen einige der eben ausgeschlossenen Anlagevehikel wieder ins Spiel, insbesondere Wertpapiere. Unterliegen diese auch Schwankungen in ihren Kursen, so würde ein doch recht breit angelegtes Ende eines Anlagehorizonts die Möglichkeit eröffnen, den Liquidationszeitpunkt für ein Wertpapierportfolio in Abhängigkeit von der Wertentwicklung relativ frei zu wählen. Dies erhöht die Chance auf eine angemessene Rendite, garantiert diese aber natürlich nicht.

Das volle Spektrum steht erst Personen zur Verfügung, die einen langen und eher unspezifischen Anlagehorizont haben (also vor allem solche, die zur Aufbesserung der Altersversorgung oder ohne spezifisches Ziel sparen). Gerade potenziell renditeträchtige Investments wie solche in nicht börsennotierte Unternehmensanteile (Crowdinvesting in Start-ups, Venture Capital, Private Equity) oder das Kopieren erfolgreicher Trader über Social-Trading-Plattformen können dann als Beimischung zum Portfolio ins Auge gefasst werden.

Kein Mensch ist aber frei von Widersprüchen und auch bei Anlegern gibt es in aller Regel nicht die EINE Motivation. Auch bei mehreren gleichzeitigen Zielen (aktueller Konsum, zukünftige Anschaffung, Altersvorsorge), lohnt es sich, diese aus finanzieller Sicht abzuwägen, zu priorisieren und für den unterschiedlichen Zielsetzungen bestimmte Beträge zuzuweisen.

Erst durch den Zinseszinseffekt ergibt sich beim Ziel der Aufbesserung der Altersvorsorge überhaupt eine realistische Möglichkeit, Lücken zu stopfen. Würde ein Anleger, z. B. zur Finanzierung seiner Urlaube in der Gegenwart, die Zinsen, die er auf sein Portfolio erhält, entnehmen, bliebe der Anlagebetrag nominal der gleiche und hätte in vielen Jahren beim Renteneintritt eine deutlich niedrigere Kaufkraft als zum Investitionszeitpunkt.

Nachdem der Anleger sich Klarheit über sich, seine Ziele und Anlagepräferenzen verschafft hat, kann aus diesen Überlegungen ein Portfolio entstehen. Die Portfoliozusammensetzung sollte in jedem Fall den genannten Aspekten des magischen Dreiecks genügen:

- Die erwartete Rendite muss ausreichen, um das angestrebte (realistische) Anlageziel erfüllen zu können.
- Das Risiko muss so gewählt werden, dass die Gefahr, das Anlageziel nicht zu erreichen, vertretbar bleibt.
- Es sollte genügend Geld in Form liquider Mittel zur Verfügung stehen, um kurzfristig auftretende Lücken stopfen zu können.

Nachdem das dritte Thema der Liquiditätsreserve beim vorherigen Punkt schon adressiert wurde, bleiben Rendite und Risiko. Der Anleger sollte niemals vergessen, dass diese beiden Aspekte sich bedingen und mehr (erwartete) Rendite nur mit einem höheren Risiko erkauft werden kann. Niemand kann dem Anleger aber garantieren, dass – wenn er nachträglich auf die Wertentwicklung seines Portfolios schaut – mit einem höheren Risiko tatsächlich auch eine hohe Rendite erwirtschaftet wurde. Je länger der Investitionshorizont ist, umso eher trifft dieser Zusammenhang aber zu.

Dem Risiko – die Abweichung der Rendite von der Erwartung – ist also besondere Aufmerksamkeit zu widmen. Risiko manifestiert sich auf zwei unterschiedlichen Ebenen, einmal auf der Ebene des Einzelinvestments und im Gesamtportfolio:

• Bevor eine Entscheidung über die Anlage in einem bestimmten Finanzprodukt (seien es spezifische Aktien, Anleihen und ETFs oder die in diesem Leitfaden diskutierten Ansätze) erfolgt, ist zwingend eine Risikoanalyse erforderlich. Diese bezieht sich sinnvollerweise sowohl auf den eigentlichen Schuldner des investierten Geldes als auch auf den Vermittler (z. B. eine Internetplattform) und bezieht Aspekte des Verbraucherschutzes wie die Existenz von Einlagensicherungssystemen und Sondervermögen mit ein.

• Darüber hinaus ist – auch wenn es einem Mantra gleicht – immer wieder auf das Gebot der Streuung hinzuweisen. Diversifikation ist einer der wenigen Punkte, über die im Bereich der Kapitalanlage zwischen den Experten Konsens herrscht, denn Streuung ist der beste Ansatz, um das Risiko eines Portfolios zu reduzieren. Das lässt sich mathematisch eindeutig nachweisen.

Selbst machen oder einkaufen

Ob man die Vermögensanlage komplett Dritten überlässt oder sein Portfolio selbst zusammenstellt und sehr aktiv bei der Auswahl und regelmäßigen Überprüfung der Anlagen ist (oder alle denkbaren Alternativen dazwischen), hängt von den eigenen Präferenzen und dem Wunsch und Willen ab, sich mehr oder weniger permanent mit den Finanzmärkten zu beschäftigen. Wer sich mit Geldanlage nicht auskennt, ist auf sehr zeitaufwändige eigene Recherchen oder die Expertise Dritter angewiesen.

Hat man keinerlei Interesse an Finanzmärkten und will sich überhaupt nicht mit diesem Thema auseinandersetzen, kann man die Überlegungen zur Zusammensetzung des Portfolios einfach auslagern. Hier bieten sich die Dienstleistungen von Robo-Advisory-Unternehmen an, bei denen man sowohl Einmalbeträge anlegen als auch monatlich wiederkehrende Aufstockungen vornehmen kann. Diese Dienstleister nehmen auf Basis einer Risiko- und Präferenzeinstufung die Strukturierung der Anlagen vor. Die Robo-Advisor selbst sind nicht gegen Insolvenz geschützt, aber die von diesen an den Kapitalmärkten erworbenen Finanzinstrumente (fast ausschließlich ETFs) bleiben als Sondervermögen im Eigentum des Investors. Trotzdem ist die Pleite eines solchen Unternehmens mit Unannehmlichkeiten verbunden, so dass man sich überlegen sollte, sein Geld verschiedenen digitalen Vermögensverwaltern anzuvertrauen und nicht nur einem, um neben der diversifizierten Auswahl der Wertpapiere durch den Robo-Advisor auch auf Anbieterseite eine gewisse Streuung zu realisieren.

Jeder Person, die den neuen Möglichkeiten, Geld über Internetplattformen anzulegen, nicht traut, steht selbstverständlich nach wie vor der Weg zur Bank offen, um sich dort beraten zu lassen und sein Geld bei einlagengeschützten Kreditinstituten anzulegen. Im Prinzip gibt es hier zwei Alternativen:

• Anlage in bankeigene Produkte wie das Belassen des Geldes auf dem Girokonto oder auf Tagesgeldkonten, Sparbriefen, Sparkonten oder Festgeld. Diese Anlagen unterliegen der Einlagensicherung, aber die erwarteten Renditen sind häufig etwas niedriger als bei Konkurrenzprodukten.
• Die Eröffnung eines Depots und der Kauf von Wertpapieren über Börsen (oder börsenähnliche Vehikel). Dann stehen als Anlagealternativen Aktien, Anleihen und ETFs zur Verfügung. Gebühren für die Depotführung und den Erwerb der Wertpapiere sind meistens bei klassischen Banken relativ hoch, was die Rendite schmälert. Darüber hinaus bleibt immer noch die Frage nach der Auswahl der konkreten Titel, in die investiert wird. Ob ein Filialmitarbeiter eines Kreditinstituts oder ein Anlageberater für Privatkunden mit hunderten von zugeordneten Kunden wirklich ein Portfolio zusammenstellen und ver-

walten können, das die in diesem Buch beschriebenen Anforderungen erfüllt, bleibt zumindest fraglich.

Darüber hinaus bieten auch Filialbanken mittlerweile wie im entsprechenden Kapitel dargestellt Robo-Advisory-Dienstleistungen an und helfen auch wenig internetaffinen Kunden dabei, entsprechende Angebote abzuschließen.

Um die Wahrscheinlichkeit zu erhöhen, dass ein konsultierter Berater auch das Interesse des Kunden und nicht das seines Arbeitgebers im Fokus hat, ist auch Honorarberatung eine Option. Hier erhält der Berater sein Geld für seine Zeit (ähnlich wie ein Rechtsanwalt) und verdient nicht an den verkauften Produkten.

Für jeden, der sich aber im Gegensatz zu dem eben beschriebenen, sehr passiv agierenden Investor sehr stark für die Auswahl seiner Anlagen interessiert und das Thema zu einer Art Hobby macht, sieht das Spektrum der Möglichkeiten natürlich ganz anders aus. Je mehr Zeit man in die Optimierung des eigenen Portfolios zu stecken bereit ist, umso mehr kommt man an den digitalen Geldanlagemöglichkeiten nicht vorbei. In Darstellung 29 sind die 5 über Internetplattformen abzuschließenden Variationen graphisch dargestellt und es wird deutlich, dass die eher ein fortgeschrittenes Know-how erfordernden Ansätze für Investoren interessant sind, die sich intensiv mit Finanzthemen auseinandersetzen wollen und können, wobei bei einzelnen Anlageformen (z. B. alternative Vermögenswerte) teils signifikante Mindestsummen im Spiel sind. Selbst wenn man sich sehr intensiv mit Finanzthemen auseinandersetzt, empfiehlt es sich trotzdem nicht, sein gesamtes Vermögen nur in Social-Trading-Ansätzen oder alternativen Assets anzulegen, da dies dem Gebot der Streuung widerspricht.

Für die Entscheidungsvorbereitung ist neben den bereits erwähnten eventuellen öffentlichen Zuschüssen natürlich auch die steuerliche Behandlung relevant. Praktisch alle in diesem Buch vorgestellten Anlageformen folgen der Standardmethode der Besteuerung von Kapitalanlagen in Deutschland: einem Steuersatz von 25 % (zuzüglich Solidaritätszuschlag und ggf. Kirchensteuer) auf Kapitalerträge. Es gibt nur zwei Ausnahmen (▶ Dar. 29):

- Erträge aus Kryptowährungen oder sonstigen Token sind nach einem Jahr Haltedauer vollständig steuerfrei. Bei einer kürzeren Haltedauer sind Gewinne bis zu 999 € im Kalenderjahr von der Steuer ausgenommen.
- Erträge aus privaten Beteiligungen (Private Equity oder Venture Capital) sind als Einkünfte aus betrieblicher Tätigkeit zu versteuern.

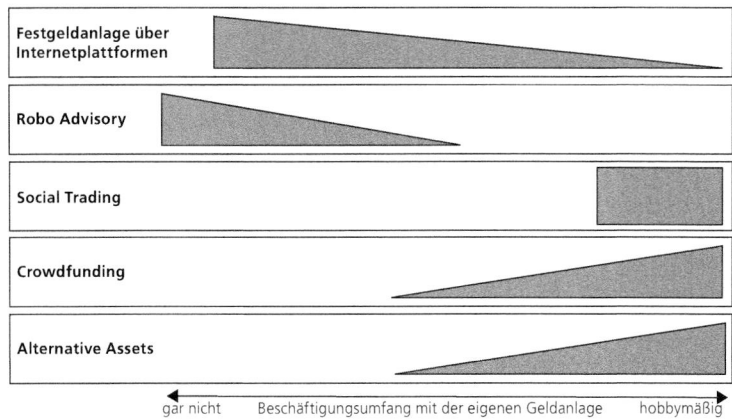

Dar. 29: Eignung digitaler Geldanlagemöglichkeiten in Abhängigkeit vom Beschäftigungsumfang mit Finanzthemen

In Deutschland ansässige Unternehmen, über die eine Geldanlage vorgenommen wird, sind verpflichtet, den Kunden eine Zusammenstellung der Kapitalerträge zur Verfügung zu stellen. Im Ausland beheimatete Anlagevehikel – wenn sie nicht auf den deutschen Markt fokussiert sind – unterlassen dies meist, so dass die für die Steuererklärung erforderlichen Unterlagen mühsam selbst zusammengesucht werden müssen.

Bei Investitionen mit größerem Komplexitätsgrad empfiehlt es sich, vorher seinen Steuerberater zu konsultieren.

Immer wieder einmal werden Studien auf Basis von Umfragen publiziert, bei denen es darum geht, welche Erfahrungen Privatpersonen mit Anlagen gemacht haben, die über das Internet abgeschlossen wurden. Häufig ist dann das Ergebnis, dass sich viele mit persönlicher Beratung besser und sicherer fühlen als bei rein digitalen Kapitalanlagen. Auch gibt es immer wieder Berichte über Personen, die mit entsprechenden Geld-anlagen Geld verloren haben. Im vorangehenden Kapitel 3 wurden ja auch solche Fälle angesprochen. Aber auch die persönliche Beratung schützt eben nicht vor Fehlinformation oder gar Betrug.

Dieser Ratgeber ist aber definitiv kein Plädoyer gegen Beratung – im Gegenteil. Ohne fundierte Informationen und Vertrauen in die Quelle ist keine vernünftige Anlageentscheidung denkbar. Auch Robo-Advisor und Plattformen, die Beteiligungen an Unternehmen, Immobilien oder ande-ren Realwerten vermitteln, bieten die Möglichkeit einer telefonischen Kontaktaufnahme und Besprechung von Fragen an (das wird dann als hybrider Ansatz – digital und Beratung – bezeichnet). Wer Bedarf für Beratung hat, sollte unbedingt davon Gebrauch machen, aber sicherstel-len, dass zu der beratenden Person ein belastbares Vertrauensverhältnis besteht.

Wenn man sich sehr intensiv (und mit allerlei zeitlichem Aufwand) mit seiner Geldanlage auseinandersetzen möchte, benötigt man eine Vielzahl von Informationen über die Finanzprodukte und deren Funktionsweise, die Anbieter, aktuelle Wertpapierkurse etc. Wie in allen anderen Lebens-bereichen auch ist es zwingend erforderlich, sich seriöser Quellen zu bedienen. Die Erfahrungen von Familienangehörigen und Freunden wer-den hier zunächst gerne herangezogen. Um zumindest Anhaltspunkte für Interessenkonflikte oder Falschinformationen professioneller Quellen zu erhalten, empfiehlt sich die schon den alten Römern wohlbekannte Frage-stellung »Cui bono?« – »Wem nützt das«?[75] Wenn Ihnen jemand eine hohe Rendite bei einem niedrigen oder gar keinem Risiko verspricht, dann will er Ihr Bestes – nämlich Ihr Geld. Spätestens, wenn es sich auch noch um eine »einmalige Gelegenheit« handelt, die so stark nachgefragt wird, dass man unbedingt sofort investieren muss, sollten die Alarm-glocken schrillen.[76] Hohe Rendite bei niedrigem Risiko gibt es nicht und

---

75 Wenn Sie in einen Apple Store gehen und nach dem besten Handy fragen, wird man Ihnen kein Samsung-Gerät anbieten.

76 Diese als »Fear of missing out (FOMO«) bezeichnete Angst, ein tolles Angebot zu verpassen, ist die psychologische Grundlage für solche Ansprachen. Eine gute Geldanlage will überlegt sein, deswegen sollte man sich auch keinesfalls von einem Anbieter zeitlich unter Druck setzen lassen, das Produkt sofort abzu-schließen.

wer das verspricht, ist mit hoher Wahrscheinlichkeit ein Betrüger. Gehen Sie also keinesfalls blauäugig, sondern immer mit einer kritischen Distanz an Informationen und Angebote heran. Gier ist kein guter Ratgeber!

Mittlerweile gibt es auch sogenannte Finfluencer, also Influencer (der Traumberuf des Internetzeitalters), die sich auf Finanzthemen spezialisiert haben. Einige davon haben sich uneigennützig die finanzielle Bildung auf die Fahnen geschrieben (ein in deutschen Schulen leider sehr stiefmütterlich behandeltes Thema), andere versuchen, Menschen zum Abschluss bestimmter Finanzgeschäfte zu animieren – in der Regel gegen Umsatzbeteiligung. Die erste (seriöse) Gruppe, gibt keine konkreten Anlagetipps, während die zweite Gruppe (häufig sehr gut) an diesen verdient. Es ist also Vorsicht geboten.

Durchaus detaillierte Informationen erhält man auch in spezifischen Foren im Internet. Diese können für die Entscheidungsfindung unterstützend herangezogen werden, als einzige Quellen sind aber auch sie nicht geeignet. Gerade bei Foren, in denen es um die Dienstleistungen von Nischenanbietern geht, ist hinsichtlich des Inhalts genauso Vorsicht geboten wie bei einer Vielzahl ähnlich klingender positiver Bewertungen von Unterkünften auf Reiseportalen.

Nicht nur viele Unternehmen, sondern auch Privatpersonen, sind in den letzten Jahren Opfer von Hackern geworden. Daher gilt es, Passwörter und sonstige Authentifizierungscodes, sicher zu verwahren und die Integrität der digitalen Identität auch durch vorsichtigen Umgang mit Emails (Phishing!) E-Commerce-Webseiten und der Preisgabe von Zahlungsinformationen zu schützen. Wer sich das nicht zutraut, kann die Dienstleistungen von Unternehmen in Anspruch nehmen, die darauf spezialisiert sind, sichere Passwörter zu generieren und zu verwalten.

Die Geschichte der Finanzmärkte ist gekennzeichnet von einem permanenten Auf und Ab. Dass irgendwann nach einem Auf auch wieder einmal ein Ab folgt, liegt in der Natur der zyklischen Bewegung der Märkte. In bestimmten Marktphasen treten Crash-Propheten auf, die erklären, weshalb der nächste Zusammenbruch kurz bevorsteht. Aber wenn man nur lange genug einen Crash prognostiziert hat, wird er irgendwann kommen, denn er ist Teil des oben genannten Auf und Ab. Auch wer den Tod einer beliebigen Person ohne konkretes Datum vorhersagt, wird irgendwann Recht behalten. Diejenigen, die teilweise über viele Jahre den Zusammenbruch prophezeit haben, werden dann medial zu Finanzmarktgurus aufgebaut und ihre Jünger glauben ihnen jedes Wort. Auch solche Experten, die voraussagen, dass bestimmte Aktien steigen werden, geben im Prinzip vor, die Zukunft zu kennen. Von daher gilt immer, sich unbedingt ein eigenes Bild zu machen. Genau so wie man sich bei einer Diagnose einer schwerwiegenden Krankheit eine zweite Meinung holen, sollte man auch auf den Finanzmärkten unterschiedliche Argumentationen kennen und unbedingt eine eigene Einschätzung gewinnen und entsprechend handeln.

Die Geldanlage ist ein Thema mit hoher Dynamik. Einerseits ist der Gesetzgeber (EU und Bund) bemüht, auch vor dem Hintergrund des Verbraucherschutzes, die Märkte sicherer für die Investoren zu machen, andererseits kommen immer wieder neue Produkte und Produktvariationen auf den Markt, die interessant sein können. Auch im Bereich der Anlage bedeutet Stillstand Rückschritt und deswegen ist es sinnvoll, auf dem Laufenden zu bleiben.

Wenn Anleger den neuen Ansätzen der Geldanlage noch skeptisch gegenüberstehen, bietet es sich an, mit kleinen Beträgen einzusteigen. Gerade Crowdfunding und Investitionen in bestimmte reale Vermögenswerte sowie die Dienstleistungen von Robo Advisern können problemlos auch mit kleinen Beträgen beginnen. Hat man (hoffentlich positive) Erfahrungen gesammelt, kann eine Ausweitung immer noch über Zeit erfolgen.